VORKURS LEKTÜRE

ZUR DIFFERENZIERTEN WIEDERHOLUNG WICHTIGER GRAMMATIKPHÄNOMENE

W0413973

C.C.BUCHNER

Vorkurs Lektüre
zur differenzierten Wiederholung
wichtiger Grammatikphänomene

Herausgegeben von Clement Utz und Andrea Kammerer.

Bearbeitet von Anne Uhl.

1. Auflage 1 6 5 4 3 2 1 2018 17 16 15 14 13
Die letzte Zahl bedeutet das Jahr dieses Druckes.
Alle Drucke dieser Auflage sind, weil untereinander unverändert, nebeneinander benutzbar.

Dieses Werk folgt der reformierten Rechtschreibung und Zeichensetzung. Ausnahmen bilden Texte, bei denen künstlerische, philologische oder lizenzrechtliche Gründe einer Änderung entgegenstehen.

© C.C.Buchners Verlag 2013
Das Werk und seine Teile sind urheberrechtlich geschützt. Jede Nutzung in anderen als den gesetzlich zugelassenen Fällen bedarf der vorherigen schriftlichen Einwilligung des Verlages. Das gilt insbesondere auch für Vervielfältigungen, Übersetzungen und Mikroverfilmungen. Hinweis zu § 52a UrhG: Weder das Werk noch seine Teile dürfen ohne eine solche Einwilligung eingescannt und in ein Netzwerk eingestellt werden. Dies gilt auch für Intranets von Schulen und sonstigen Bildungseinrichtungen.

www.ccbuchner.de

Lektorat: Katrin Herrmann
Grafik und Satz: Artbox, Bremen
Einbandgestaltung: creo Druck & Medienservice, Bamberg / Julia Weismantel
Druck und Bindung: Pustet, Regensburg

ISBN 978-3-7661-**5149**-0

Inhaltsverzeichnis

Vorwort

Der **Vorkurs Lektüre** ist ein Trainingsbuch. Es besteht aus acht Trainingseinheiten, die voneinander unabhängig sind. Somit kann jede Trainingseinheit – je nach Bedarf – für sich bearbeitet werden.

ZIEL

Der Vorkurs versteht sich als sprachliche Vorbereitung der Lektüre originaler Texte und stellt damit den Kompetenzbereich Sprache in den Mittelpunkt. Ziel ist es, wichtige Grammatikphänomene zu wiederholen und zu festigen. Die über die Wiederholung erzielte größere Sicherheit im Umgang mit der lateinischen Sprache wirkt sich positiv auf den Umgang mit den Texten aus: Ein Überblick über den Text fällt leichter, die Übersetzung gelingt besser, auch erschließende Aufgaben, die selbstverständlich oft auf die Sprache abheben, können mit mehr Gewinn bearbeitet werden. Der Vorkurs Lektüre will keinen Durchgang durch die lateinische Grammatik bieten. Vielmehr behandelt er Grammatikphänomene, für deren Bearbeitung im Unterricht ein besonderer Bedarf besteht, vor allem also die satzwertigen Konstruktionen des Lateinischen. Zum einen machen gerade diese Themen erfahrungsgemäß eher Schwierigkeiten, zum anderen erweist sich ihre Beherrschung als besonders lohnend: Können Lateinlerner und Lateinlernerinnen mit diesen Themen sicher umgehen, gelingt ihnen der Zugriff auf Sprache und Inhalt eines lateinischen Textes besser und es steigt damit die Möglichkeit, einen Text gewinnbringend bearbeiten zu können, in erheblichem Maße.

KONZEPTION / AUFBAU

Jede Trainingseinheit besteht aus einem Textteil und einem Wiederholungsteil. Die Texte liegen differenziert aufbereitet auf **drei Niveaustufen** vor (**NIVEAU A, B, C**). Im Wiederholungsteil finden sich eine knappe Darstellung des grammatischen Schwerpunktes der Trainingseinheit sowie ein Wortschatzkasten, die je nach Bedarf im Voraus oder begleitend bearbeitet werden können. Die Wortschatzkästen orientieren sich an **adeo NORM**; die Anordnung der Wortangaben ergibt sich aus dem Vorkommen im Text. Für den Fall, dass der Bedarf besteht, ein grammatisches Thema vertieft zu bearbeiten, finden sich am Ende einer Trainingseinheit Verweise auf die jeweiligen Kapitel in den Lehrbüchern **Campus A**, **Felix neu** und **Prima nova**.
Die Trainingseinheiten bauen inhaltlich nicht aufeinander auf. Die Texte der **Trainingseinheiten 1** bis **4** behandeln Szenen aus dem trojanischen Sagenkreis, die **Trainingseinheiten 5** bis **8** werfen Schlaglichter auf den Bereich des Schullebens in der Antike und der frühen Neuzeit.

DIFFERENZIERUNG IN NIVEAU A, B, UND C

NIVEAU A richtet sich an erfahrene Lateinlerner, die mit der Bearbeitung unbekannter Texte keine Schwierigkeiten haben. Die **A-Texte** stellen für sie eine Herausforderung dar, denn diesen Texten sind nur Vokabelangaben hinzugefügt, die über **adeo NORM** hinausgehen; unmittelbar am Text finden sich keine grammatischen Hinweise. Je nach Bedarf kann der Wiederholungsteil herangezogen werden.
NIVEAU B richtet sich an Lateinlerner, die mit der lateinischen Sprache grundsätzlich zurechtkommen, hinsichtlich einiger sprachlicher Phänomene jedoch eher unsicher sind. Den **B-Texten** sind nur Vokabelangaben hinzugefügt, die über **adeo NORM** hinausgehen. Der **B-Text** ist graphisch so aufbereitet, dass er das grammatische Thema der Trainingseinheit besonders hervorhebt. Im ersten Teil des Textes sind methodische Tipps (wie beispielsweise beim Participium coniunctum die Klammertechnik) bereits angewendet und im Text eingezeichnet. Für den zweiten Teil des Textes soll dann der Lateinlerner selbst tätig werden und sprachliche Vorarbeiten gemäß Anleitung durchführen. Entsprechend bietet es sich an, der Bearbeitung vorausgehend zunächst den Wiederholungsteil zu bearbeiten.
NIVEAU C ist für Lateinlerner gedacht, die größere bzw. teilweise erhebliche Schwierigkeiten bei der Übersetzung komplexerer Strukturen haben. Der lateinische Text ist daher kolometrisch angeordnet. Das Layout hebt den grammatischen Schwerpunkt der Trainingseinheit besonders hervor. Vor der Bearbeitung des Textes sollte der Wiederholungsteil bearbeitet werden, zumal auch bei einem **C-Text** zur Durchführung verschiedener Arbeitsschritte aufgefordert wird, die die Wiederholung des Stoffes voraussetzen. Vokabelangaben finden sich in größerem Umfang, außerdem Erläuterungen und Hinweise zu komplexeren grammatischen Formen.

EINSATZMÖGLICHKEITEN

Das Trainingsbuch enthält Material zur Nacharbeit bzw. zum Auffüllen von Lücken und eignet sich zum Selbststudium oder für den Einsatz im Unterricht.
Zur Selbstkontrolle ist ein **Lösungsteil** beigefügt.

Der Kampf um Troja – Göttinnen und Götter greifen ein

NIVEAU A

Novem annos Graeci cum Troianis iam frustra pugnaverant. Tum Achilles copias convocavit, ut omnium animos accenderet. Hector autem, princeps Troianorum, suos hortatus est, ut acerrime cum Graecis pugnarent.
Iuppiter ipse, rex deorum et hominum, deos deasque a proelio non iam prohibuit. Itaque Venus, Diana, Apollo, Mars socii Troianorum erant, cum Iuno, Minerva, Neptunus, Mercurius Graecos iuvarent. Iuppiter ex Olympo[1] pugnam spectabat.
Quamquam Achilles Troianos acriter oppresserat et Hectorem necaverat eiusque corpus circum moenia traxerat, dei eum Troiam capere vetabant. Apollo ipse eum sagitta[2] interfecit.
Denique Ulixes dolo usus est. Viros fortes – ut Minerva praeceperat – in equo ligneo[3] occultavit[4] et equo DONUM MINERVAE inscripsit[5], ut Troiani eum in urbem traherent. Profecto Priamus equum in arcem Minervae duci iussit, cum putaret Graecos in patriam abisse.
Cum Troiani nocte quiescerent, milites ex equo exierunt, portarum custodes necaverunt, socios in urbem arcessiverunt. Sic Troia capta est.

[1] **Olympus** der Olymp

[2] **sagitta** Pfeil

[3] **līgneus, a, um** aus Holz, hölzern
[4] **occultāre** verstecken
[5] **īnscrībere equō** auf das Pferd schreiben

1 Übersetze den Text.
Falls du damit Schwierigkeiten hast, befasse dich zunächst mit den grammatischen Erklärungen und dem Wortschatz am Ende dieser Trainingseinheit (→ S. 9).

Jupiter. 2. Jh. n. Chr.

NIVEAU B

Novem annos **Graeci** cum Troianis iam frustra **pugnaverant**. Tum **Achilles** *copias* **convocavit**, (ut omnium *animos* **accenderet**). **Hector** autem, princeps Troianorum, *suos* **hortatus est**, (ut acerrime cum Graecis **pugnarent**). **Iuppiter ipse**, rex deorum et hominum, *deos deasque* a proelio non iam **prohibuit**. Itaque **Venus, Diana, Apollo, Mars socii** Troianorum **erant**, (cum **Iuno, Minerva, Neptunus, Mercurius** *Graecos* **iuvarent**). **Iuppiter** ex Olympo[1] *pugnam* **spectabat**.

Quamquam **Achilles** *Troianos* acriter **oppresserat** et *Hectorem* **necaverat** eiusque *corpus* circum moenia **traxerat**, **dei** *eum Troiam capere* **vetabant**. **Apollo ipse** *eum* sagitta[2] **interfecit**.

Denique **Ulixes** *dolo* **usus est**. *Viros fortes* – ut **Minerva praeceperat** – in equo ligneo[3] **occultavit**[4] et equo DONUM MINERVAE **inscripsit**[5], ut **Troiani** *eum* in urbem **traherent**. Profecto **Priamus** *equum* in arcem Minervae *duci* **iussit**, cum **putaret** *Graecos* in patriam *abisse*.

Cum **Troiani** nocte **quiescerent**, **milites** ex equo **exierunt**, portarum *custodes* **necaverunt**, *socios* in urbem **arcessiverunt**. Sic **Troia capta est**.

[1] **Olympus** der Olymp

[2] **sagitta** Pfeil

[3] **līgneus, a, um** aus Holz, hölzern

[4] **occultāre** verstecken

[5] **īnscrībere equō** auf das Pferd schreiben

Hilfen:
Subjekte und Prädikate sind **fett** gedruckt, Objekte sind *kursiv* hervorgehoben. Außerdem sind die Subjunktionen im gesamten Text markiert und im ersten Absatz die Gliedsätze zusätzlich eingeklammert.

1 Befasse dich zunächst mit den grammatischen Erklärungen und dem Wortschatz am Ende dieser Trainingseinheit (→ S. 9).
2 Übersetze den Text.

Szenenbild aus dem Spielfilm „Troja". USA 2004.

NIVEAU C

1. Novem annos **Graeci** cum Troianis iam frustra **pugnaverant**.

2. Tum **Achilles** *copias* **convocavit**,

    ut omnium *animos* **accenderet**.

3. **Hector** autem, princeps Troianorum, *suos* **hortatus est**,

    ut acerrime cum Graecis **pugnarent**.

4. **Iuppiter ipse**, rex deorum et hominum, *deos deasque* a proelio non iam **prohibuit**.

5. Itaque **Venus, Diana, Apollo, Mars socii** Troianorum **erant**,

    cum **Iuno, Minerva, Neptunus, Mercurius**

    Graecos **iuvarent**.

6. **Iuppiter** ex Olympo *pugnam* **spectabat**.

7. Quamquam **Achilles** *Troianos* acriter **oppresserat**

    et *Hectorem* **necaverat**

    eius**que** *corpus* circum moenia **traxerat**,

dei *eum Troiam capere* **vetabant**.

8. **Apollo ipse** *eum* sagitta **interfecit**.

9. Denique **Ulixes** *dolo* **usus est**:

viros fortes – ut **Minerva praeceperat** –

in equo ligneo **occultavit**

et equo DONUM MINERVAE **inscripsit**,

    ut **Troiani** *eum* in urbem **traherent**.

10. Profecto **Priamus** *equum* in arcem Minervae *duci* iussit,

    cum **putaret** *Graecos* in patriam *abisse*.

11. Cum **Troiani** nocte **quiescerent**,

milites ex equo **exierunt**,

portarum *custodes* **necaverunt**,

socios in urbem **arcessiverunt**.

12. Sic **Troia capta est**.

1. **pūgnāverant:** *Plusqpf.*

2. **ut** damit

3. **hortārī:** *Deponens, daher aktive Bedeutung* **suōs** ~ suos milites **acerrimē:** *Superlativ* äußerst heftig **ut** dass *lies:* **ut** <milites> **pugnarent**

5. **Trāiānōrum:** *Gen.-Attribut* zu socii **cum** *m. Konj. Impf.* während (dagegen) *(gleichzeitig)*

6. **Olympus** der Olymp

7. **oppresserat / necāverat / trāxerat:** *Plusqpf.* **trahere** *hier:* schleifen **eum** ~ Achillem

8. **sagitta** Pfeil **eum** < is, ea, id

9. **ūti** *m. Abl.: Deponens, daher aktive Bedeutung* **ut** *mit Ind.* wie **praecēperat** < praecipere **līgneus, a, um** hölzern **occultāre** verstecken **īnscrībere equō** auf das Pferd schreiben **ut** damit **eum** ~ equum

10. **dūcī** *Inf. Präs. Pass.* zu ducere **cum** m. Konj. Impf. weil *(gleichzeitig)* **abīsse:** *Inf. Perf.* zu abire

11. **cum** *m. Konj. Impf.* als *(gleichzeitig)* **arcessivērunt** < arcessere

12. **capta est:** *3. Pers. Sg. Ind. Perf. Pass.*

Hilfen:
Subjekte und Prädikate sind **fett**, Objekte *kursiv* hervorgehoben. Außerdem sind die Subjunktionen markiert und die Gliedsätze eingerückt. In der rechten Spalte findest du Vokabelangaben und Hilfen für die Grammatik, die über die Wiederholungswörter und die Wiederholungsgrammatik hinausgehen.

1 Befasse dich zunächst mit den grammatischen Erklärungen und dem Wortschatz am Ende dieser Trainingseinheit (→ S. 9).
2 Übersetze den Text.

Wortschatz

frūstrā *Adv.*	vergeblich	quamquam *Subj. m Ind.*	obwohl
ut *Subj. m. Konj.*	dass, sodass, damit	vetāre, vetō, vetuī, vetitum *m. Akk.*; *m. AcI*	verbieten; verbieten, dass
accendere, accendō, accendī, accēnsum	anfeuern	ūtī, ūtor, ūsus sum *m. Abl.*	benützen, gebrauchen
hortārī, hortor, hortātus sum	auffordern, ermahnen	ut *Adv.*	wie
prohibēre, prohibeō *(ā m. Abl.)*	abhalten (von), hindern (an)	putāre, putō	glauben, meinen
nōn iam	nicht mehr	quiēscere, quiēscō, quiēvī, quiētum	(aus)ruhen, schlafen
iuvāre, iuvō, iūvī	unterstützen, *(m. Akk).* helfen, erfreuen	arcessere, arcessō, arcessīvī, arcessītum	herbeirufen, holen
cum *Subj. m. Konj.*	als, nachdem; weil; obwohl; während (dagegen)		

Wiederhole den Wortschatz. Falls dir einzelne Wörter beim Übersetzen Schwierigkeiten machen, kannst du sie hier in der Reihenfolge ihres Vorkommens im Text nachschlagen:

Grammatik

Die Satzstruktur – Satzglieder und Satzgefüge

Auch in der Lektürephase ist es sinnvoll, sich immer wieder zu vergegenwärtigen, wie lateinische Sätze „funktionieren". Sie enthalten als Satzkern **Subjekt** (Satzgegenstand: steht im Nominativ) und **Prädikat** (Satzaussage: eine Verbform, die durch Person, Numerus, Modus, Tempus und Genus verbi bestimmt ist); diese Satzglieder stellen die Hauptinformation des Satzes dar. Als Ergänzung treten *Objekte* hinzu (meist im Akkusativ oder Dativ). Die Satzglieder können erfragt werden (z. B. Wen oder was siehst du? Ulixem → Akk.-Objekt).

Ein Satzgefüge besteht aus einem Hauptsatz und einem oder mehreren Nebensätzen. Der Hauptsatz stellt den Informationskern dar. Für die Übersetzung empfiehlt es sich daher oft den Nebensatz bzw. die Nebensätze einzuklammern und zunächst den Hauptsatz, dann erst den Nebensatz bzw. die Nebensätze zu übersetzen.

Thema: Satzgefüge, Gliedsätze	**Campus A**	**Felix Neu**	**Prima Nova**
Gliedsätze als Adverbiale	L 7, S 2	L 24, S 2, S 3	L 17, S 2, S 3
– konsekutiv, final	L 22, S 1	L 47, S 1	L 39, S 1
– temporal, kausal, konzessiv, adversativ	L 22, S 3	L 48, S 1; L 60, S	L 39, S 2
Relativsatz als Attribut	L 11, S 3	L 16, S	L 15, S
Gliedsätze als Objekt			
– Begehrsätze	L 21, S 3	L 46, S	L 39, S 1
– Indirekte Fragesätze	L 25, S 1	L 61, S 1	L 40, S 1

Odysseus in Todesgefahr

NIVEAU A

Graeci, cum domos Troianorum incendissent et turres altas delevissent, in patriam redire decreverunt.

Classis autem Ulixis tempestatibus per maria iactata est. Tandem Ulixes se in insulam quandam pervenisse gavisus est. Quae erat Polyphemi[1] Cyclopis[2], Neptuni filii. Huic a sacerdote propositum erat: „Te cavere oportet, ne ab Ulixe caeceris[3]."

Homerus Polyphemum unum tantum oculum habere et sola carne[4] vivere tradidit. Ulixis socii Cyclopem se quoque necaturum esse putaverunt. Sed Ulixes eum vino complevit et se NEMINEM vocari dixit. Deinde trunco[5] ardenti oculum Polyphemi exstinxit.

Dolore tortus Polyphemus ceteros Cyclopes arcessivit: „Venite, amici", inquit, „NEMO mihi instat."

Illi quidem audiverunt se a Polyphemo vocari, sed clamorem eius neglegebant inter se dicentes: „Cavete Polyphemum! Verba eius sinistra[6] esse manifestum est. Saepe eum dolo in nos usum esse scimus."

[1] **Polyphēmus** Polyphem *(ein Zyklop; Sohn des Neptun)*
[2] **Cyclōps, Cyclōpis** *m* Zyklop *(einäugiger wilder Riese)*
[3] **caecāre** blenden
[4] **carō, carnis** *f* Fleisch
[5] **truncus** Baumstamm
[6] **sinister, sinistra, sinistrum** *hier:* böswillig

1 Übersetze den Text.
Falls du damit Schwierigkeiten hast, befasse dich zunächst mit den grammatischen Erklärungen und dem Wortschatz am Ende dieser Trainingseinheit (→ S. 13).

Blendung des Polyphem. Caeretaner Hydria (Wasserkrug aus Caere in Etrurien). 6. Jh. v. Chr.

NIVEAU B

Graeci, cum domos Troianorum **incendissent** et turres altas **delevissent**, in patriam redire **decreverunt**.
Classis autem Ulixis tempestatibus per maria **iactata est**. Tandem **Ulixes** (se in insulam quandam pervenisse) **gavisus est. Quae erat** Polyphemi[1] Cyclopis[2], Neptuni filii. Huic a sacerdote **propositum erat**: „(Te cavere) **oportet**, ne ab Ulixe **caeceris**[3]."
Homerus (Polyphemum unum tantum oculum habere et sola carne[4] vivere) **tradidit**. Ulixis **socii** (Cyclopem se quoque necaturum esse) **putaverunt**. Sed **Ulixes** eum vino **complevit** et (se NEMINEM vocari) **dixit**. Deinde trunco[5] ardenti oculum Polyphemi **exstinxit**.
<Dolore tortus> **Polyphemus** ceteros Cyclopes **arcessivit**: „**Venite**, amici", **inquit**, „**NEMO** mihi **instat**."
Illi quidem **audiverunt** se a Polyphemo vocari, sed clamorem eius **neglegebant** inter se dicentes: „**Cavete** Polyphemum! Verba eius sinistra[6] esse **manifestum est**. Saepe eum dolo in nos usum esse **scimus**."

[1] **Polyphēmus** Polyphem *(ein Zyklop; Sohn des Neptun)* – [2] **Cyclōps, Cyclōpis** *m* Zyklop *(einäugiger wilder Riese)*
[3] **caecāre** blenden – [4] **carō, carnis** *f* Fleisch – [5] **truncus** Baumstamm – [6] **sinister, sinistra, sinistrum** *hier:* böswillig

Beispiel:
pervenisse
Infinitiv Perfekt Aktiv (vz)

Hilfen:
Subjekte und Prädikate sind **fett** gedruckt. Ferner sind in den ersten Absätzen des Textes AcI-Konstruktionen jeweils eingeklammert ( ). Auch ein Participium coniunctum ist bereits in Klammern gesetzt < >.

1 Befasse dich zunächst mit den grammatischen Erklärungen und dem Wortschatz am Ende dieser Trainingseinheit (→ S. 13).
2 Vorarbeiten zur Übersetzung
a) Markiere in jedem AcI den Akkusativ (grün) und den Infinitiv (rot).
b) Entscheide, welcher Infinitiv jeweils vorliegt, indem du nach dem Muster in der Randspalte die Form bestimmst und das Zeitverhältnis notierst.
c) Klammere im letzten Absatz die AcI-Konstruktionen ein, markiere jeweils den Akkusativ (grün) und den Infinitiv (rot) und gib nach dem Muster von b) Art und Zeitverhältnis des Infinitivs an.
3 Übersetze den Text.

NIVEAU C

1. **Graeci,**
cum domos Troianorum **incendissent**
et turres altas **delevissent,**
in patriam redire **decreverunt.**

2. **Classis** autem Ulixis tempestatibus per maria **iactata est.**

3. Tandem **Ulixes** (se in insulam quandam pervenisse) **gavisus est.**

4. **Quae erat** insula Polyphemi Cyclopis, Neptuni filii.

5. Huic a sacerdote **propositum erat:**
„(Te cavere) **oportet,**
ne ab Ulixe **caeceris.**"

6. **Homerus** (Polyphemum unum tantum oculum habere et sola carne vivere) **tradidit.**

7. Ulixis **socii** (Cyclopem se quoque necaturum esse) **putaverunt.**

8. Sed **Ulixes** eum vino **complevit**
et (se NEMINEM vocari) **dixit.**

9. Deinde trunco ardenti oculum Polyphemi **exstinxit.**

10. <Dolore tortus> **Polyphemus** ceteros Cyclopes **arcessivit:**
„**Venite**, amici", **inquit**, „**NEMO** mihi **instat.**"

11. **Illi** quidem **audiverunt** (se a Polyphemo vocari),
sed clamorem eius **neglegebant** <inter se dicentes>:

12. „**Cavete** Polyphemum!
(Verba eius sinistra esse) **manifestum est.**
(Saepe eum dolo in nos usum esse) **scimus.**"

1. **cum** *m. Konj. Plusqpf.* nachdem *(vz)* **dēlēvissent** < dēlēre **dēcrēvērunt** < dēcernere

2. **iactāre** *hier:* hin- und herschleudern **iactāta est:** *Perf. Pass.*

3. **sē:** *Bezug:* Ulixes **pervenisse:** *Inf. Perf. Pass. (vz)*

4. **Quae:** *relativer Satzanschluss, Bezug:* insula → diese **est** *m. Gen.* gehören **Polyphēmus** Polyphem *(ein Zyklop; Sohn des Neptun)* **Cyclōps,** Cyclōpis *m* Zyklop *(einäugiger Riese)*

5. **huic:** *Dat. Sg.* < hic **prōpositum erat:** *3. Pers. Sg. Neutrum Ind. Plusqpf. Pass.* → es war … worden **caecāre** blenden **caecēris:** *2. Pers. Sg. Konj. Präs. Pass.*

6. **carō,** carnis *f* Fleisch

7. **sē:** *Objekt im AcI* ~ socios **necātūrum esse:** *Inf. Fut. Aktiv (nz)*

8. **nēminem** < nemo **sē:** *Bezug:* Ulixes **vocārī:** *Inf. Präs. Pass. (gz)*

9. **exstīnxit** < exstinguere **truncus** Baumstamm **ārdēns,** ardentis brennend

10. **tortus** < torquere <… tortus> *PC (PPP), Bezug:* Polyphemus, *übersetze:* Polyphemus, quia dolore tortus erat, … **arcessīvit** < arcessere

11. **sē:** *Bezug:* illi **vocārī:** *Inf. Präs. Pass. (gz)* **<… dīcentēs>** *PC (PPA), Bezug:* illi, *übersetze:* illi … neglegebant, dum inter se dicunt.

12. **sinister, sinistra, sinistrum** *hier:* böswillig **eum** ~ Polyphemum **ūsum esse:** *Inf. Perf. (vz)* < uti *Deponens, daher aktive Übersetzung*

Hilfen:
Subjekte und Prädikate sind **fett** hervorgehoben. Ferner ist der AcI jeweils eingeklammert ( ) und in der Klammer sind seine Bestandteile Akkusativ (grün) und Infinitiv (rot) markiert. Auch das Participium coniunctum ist, sofern es vorkommt, bereits isoliert < >. In der rechten Spalte findest du Vokabelangaben und Hilfen für die Grammatik, die über die Wiederholungswörter und die Wiederholungsgrammatik hinausgehen.

1 Befasse dich zunächst mit den grammatischen Erklärungen und dem Wortschatz am Ende dieser Trainingseinheit (→ S. 13).
2 Übersetze den Text.

Wortschatz

Wiederhole den Wortschatz. Falls dir einzelne Wörter beim Übersetzen Schwierigkeiten machen, kannst du sie hier in der Reihenfolge ihres Vorkommens im Text nachschlagen:

cum *Subj. m. Konj.*	als, nachdem; weil; obwohl, während (dagegen)	trādere, trādō, trādidī, trāditum	übergeben, überliefern
incendere, incendō, incendī, incēnsum	entflammen, in Brand stecken	exstinguere, exstinguō, exstīnxī, exstīnctum	auslöschen, vernichten
dēcernere, dēcernō, dēcrēvī, dēcrētum	beschließen, entscheiden	torquēre, torqueō, torsī, tortum	drehen, quälen, schleudern,
classis, classis *f*	Abteilung, Flotte	arcessere, arcessō, arcessīvī, arcessītum	herbeirufen, holen
gaudēre, gaudeō, gāvīsus sum	sich freuen	īnstare, īnstō, īnstitī	bevorstehen, hart zusetzen
prōpōnere, prōpōnō, prōpōsuī, prōpositum	darlegen, in Aussicht stellen	neglegere, neglegō, neglēxī, neglēctum	nicht (be)achten, vernachlässigen
nēmō (*Gen.* nēminis / nūllīus)	niemand, kein(er)	sinister, sinistra, sinistrum	links; trügerisch, falsch
tantum	nur	manifestus, a, um	offenkundig; überführt
		ūtī, ūtor, ūsus sum *m. Abl.*	benutzen, gebrauchen

Grammatik

Der AcI

Der AcI ist die Verbindung eines Akkusativs mit einem Infinitiv. Es gibt immer einen „Auslöser" für diese Konstruktion, nämlich einige unpersönliche Ausdrücke (z. B. constat) sowie Verben des Wahrnehmens (z. B. **videre**), des Meinens oder Wissens (z. B. scire), des Redens oder Erzählens (z. B. **dicere**).
Im Deutschen wird ein AcI durch einen Gliedsatz wiedergegeben, der mit der Subjunktion „dass" eingeleitet wird. Dabei wird im deutschen Gliedsatz der lateinische Akkusativ zum Subjekt, der Infinitiv wird zum Prädikat.
Beim Infinitiv ist immer das Zeitverhältnis zu beachten (gleichzeitig ~ gz, vorzeitig ~ vz, nachzeitig ~ nz), außerdem das Genus verbi (Aktiv oder Passiv).

Beispiel:

AcI

Ulixes (Helenam a Paride raptam esse) audit.

Akk. ⇩ Subjekt — Inf. ⇩ Prädikat — *hier:* Inf. Perf. Pass. → vz, Passiv

Odysseus hört, **dass** Helena von Paris geraubt worden ist.

Gliedsatz

Thema: AcI	**Campus A**	**Felix Neu**	**Prima Nova**
Erscheinungsform und Übersetzung	L 6, S 2	L 20, S	L 12, S
Ergänzungen,	L 10, S 1	L 20, M 2	L 18, S
Zeitverhältnisse,	L 10, S 1; L 28, S 3	L 20, S; M 1; L 54, S 2	L 12, S; L 42, S 2
Satzgliedfunktionen,	L 10, S 1	L 20, S	L 18, S
Pronomina	L 10, S 2	L 23, S 1	L 19, S

Odysseus' langer Weg nach Hause

NIVEAU A

Ulixes diu per mare errans denique in insulam pervenit, ubi Calypso[1], Atlantis[2] filia, vivebat. Quae amore nimio capta eum dimittere diu noluit. Tandem Calypso imperio Iovis paruit et viro uxorem et patriam desideranti navem dedit.

In itinere Ulixes Polyphemum, Neptuni filium, se et socios suos necare temptantem dolo fefellerat. Itaque Neptunus ipse ira commotus undas adversas navem Ulixis vi ingenti iactantes misit.

At dux Graecus non periit, sed ex omnibus periculis maris servatus ad insulam Phaeacum[3] venit. Illum sine vestibus ad litus quiescentem subito clamor virginum excitavit. Excitatus primo ad arborem se condidit, ne virgines terreret. Deinde tamen exiit. Tum Nausicaa[4], Alcinoi[5] regis filia, a Minerva dea bono animo instructa ei adfuit et eum secum domum duxit. Alcinous Ulixem libenter hospitem accepit. Postea virum in Ithacam[6] patriam rediturum donis ornavit.

[1] **Calypsō, ōnis** *f* Kalypso *(Tochter des Atlas; sie wohnt auf der Insel Ogygia)*
[2] **Atlās, antis** *m* Atlas *(Titan; er trägt den Himmel)*
[3] **Phaeāces, um** *m Pl.* die Phäaken *(märchenhaftes Seefahrervolk)*
[4] **Nausicaa** Nausikaa *(Prinzessin der Phäaken)*
[5] **Alcinous** Alkinoos *(König der Phäaken)*
[6] **Ithaca** Ithaka *(Heimatinsel des Odysseus)*

1 Übersetze den Text.
Falls du damit Schwierigkeiten hast, befasse dich zunächst mit den grammatischen Erklärungen und dem Wortschatz am Ende dieser Trainingseinheit (→ S. 17).

Calypso. Célestiu Anatole Calmels (1822–1906). Amiens, Musée de Picardie.

NIVEAU B

Ulixes (diu per mare *errans*) denique in insulam **pervenit**, ubi **Calypso**[1], Atlantis[2] filia, **vivebat**. ***Quae*** (amore nimio *capta*) eum dimittere diu **noluit**. Tandem **Calypso** imperio Iovis **paruit** et *viro* (uxorem et patriam *desideranti*) navem **dedit**.

In itinere **Ulixes** *Polyphemum, Neptuni filium,* (se et socios suos necare *temptantem*) dolo **fefellerat**. Itaque ***Neptunus ipse*** (ira *commotus*) *undas adversas* (navem Ulixis vi ingenti *iactantes*) misit.

At ***dux Graecus*** non **periit**, sed ex omnibus periculis maris *servatus* ad insulam Phaeacum[3] **venit**. *Illum* sine vestibus ad litus *quiescentem* subito **clamor** virginum **excitavit**. *Excitatus* primo ad arborem se **condidit**, ne virgines **terreret**. Deinde tamen **exiit**. Tum *Nausicaa*[4], *Alcinoi*[5] *regis filia,* a Minerva dea bono animo *instructa* ei **adfuit** et eum secum domum **duxit**. **Alcinous** Ulixem libenter hospitem **accepit**. Postea *virum* in Ithacam[6] patriam *rediturum* donis **ornavit**.

Beispiel:
errans, PPA, gz

[1] **Calypsō, ōnis** *f* Kalypso *(Tochter des Atlas; sie wohnt auf der Insel Ogygia)* – [2] **Atlās, antis** *m* Atlas *(Titan; er trägt den Himmel)* – [3] **Phaeāces, um** *m Pl.* die Phäaken *(märchenhaftes Seefahrervolk)* – [4] **Nausicaa** Nausikaa *(Prinzessin der Phäaken)* – [5] **Alcinous** Alkinoos *(König der Phäaken)* – [6] **Ithaca** Ithaka *(Heimatinsel des Odysseus)*

Hilfen:
Subjekt, Prädikat und PC (mit Bezugswort) sind jeweils hervorgehoben. In der ersten Texthälfte sind auch die Klammern beim PC ( ) bereits gesetzt.

1 Befasse dich zunächst mit den grammatischen Erklärungen und dem Wortschatz am Ende dieser Trainingseinheit (→ S. 17).

2 Vorarbeiten zur Übersetzung

a) Entscheide, welches PC jeweils vorliegt, indem du nach dem Muster in der Randspalte Form und Zeitverhältnis bestimmst.

b) Klammere im dritten Absatz die Partizipial-Konstruktionen ein und gib nach dem Muster von a) Art und Zeitverhältnis des PC an.

3 Übersetze den Text.

NIVEAU C

1. ***Ulixes*** (diu per mare *errans*) denique in insulam **pervenit**,
ubi **Calypso**, Atlantis filia, **vivebat**.

2. ***Quae*** (amore nimio *capta*)
eum dimittere diu **noluit**.

3. Tandem **Calypso** imperio Iovis **paruit**
et *viro* (uxorem et patriam *desideranti*) navem **dedit**.

4. In itinere **Ulixes** *Polyphemum, Neptuni filium,*
(se et suos necare *temptantem*) dolo **fefellerat**.

5. Itaque ***Neptunus ipse*** (ira *commotus*) *undas adversas* (navem Ulixis vi ingenti *iactantes*) **misit**.

6. At ***dux Graecus*** non **periit**,
sed (ex omnibus periculis maris *servatus*)
ad insulam Phaeacum **venit**.

7. *Illum* (sine vestibus ad litus *quiescentem*) subito **clamor** virginum **excitavit**.

8. <***Ulixes***> (*excitatus*)
primo ad arborem se **condidit**,
ne virgines **terreret**.

9. Deinde tamen **exiit**.

10. Tum ***Nausicaa, Alcinoi regis filia***,
(a Minerva dea bono animo *instructa*) ei **adfuit**
et eum secum domum **duxit**.

11. **Alcinous** Ulixem libenter hospitem **accepit**.

12. Postea *virum* (in Ithacam patriam *rediturum*) donis **ornavit**.

[1] **(... errāns):** *PC (PPA, gz) übersetze:* Ulixes, qui diu ... errabat, denique ... **Calypsō** Kalypso *(Tochter des Atlas)* **Atlās, antis** *m* Atlas

[2] **Quae:** *relativer Satzanschluss:* Diese **amōre nimiō capī** zu sehr verliebt sein **(... capta):** *PC (PPP, vz) übersetze:* Quae, quia ... capta erat, ... noluit. **dīmittere** *hier:* fortlassen

[3] **Iovis** < Iuppiter **paruit** < parēre **(... dēsīderantī):** *PC (PPA, gz) übersetze:* viro, quia ... desiderabat, navem dedit.

[4] **fefellerat** < fallere **sē** Bezug: *Odysseus, also „ihn"* **suī** seine Leute *(die des Odysseus)* **(... temptantem):** *PC (PPA, gz) übersetze:* Polyphemum, qui Graecos necare temptaverat,

[5] **adversus, a, um** *hier:* hoch **(... commotus):** *PC (PPP, vz) übersetze:* Neptunus, quia ... commotus erat, ... misit **vī:** *Abl. Sg. f von* vis Kraft **(... iactantēs):** *PC (PPA, gz) übersetze:* undas, quae ... iactabant,

[6] **periit** < *perire* **(... servatus):** *PC (PPP, vz) übersetze:* sed postquam ex ... servatus est, **Phaeāces, um** *m Pl.* die Phäaken *(Seefahrervolk)*

[7] **(... quiēscentem):** *PC (PPA, gz) übersetze:* Illum, dum ... quiescit, ... clamor ... excitavit.

[8] **(excitātus):** *PC (PPP, vz) übersetze:* Ulixes, postquam excitatus est, **nē** damit nicht

[10] **Nausicaa** Nausikaa *(Prinzessin der Phäaken)* **Alcinous** Alkinoos *(König der Phäaken)* **īnstrūcta** *m. Abl.: hier:* mit etw. ausgestattet **(... īnstrūcta):** *PC (PPP, vz) übersetze:* Nausicaa, quia ... instructa erat,

[11] **accipere** *m. dopp. Akk.* jdn. aufnehmen als

[12] **Ithaca** Ithaka *(Heimatinsel des Odysseus)* **(... reditūrum):** *PC (PFA, nz) übersetze:* virum, qui mox ... redire volebat

Hilfen:
Subjekte und Prädikate sind **fett** gedruckt, ein PC mit seinem jeweiligen Bezugswort *kursiv* hervorgehoben. Außerdem ist bereits die Klammer bei dem PC gesetzt. In der rechten Spalte findest du Vokabelangaben und Hilfen für die Grammatik, die über die Wiederholungswörter und die Wiederholungsgrammatik hinausgehen.

1 Befasse dich zunächst mit den grammatischen Erklärungen und dem Wortschatz am Ende dieser Trainingseinheit (→ S. 17).

2 Übersetze den Text.

Wortschatz

Wiederhole den Wortschatz. Falls dir einzelne Wörter beim Übersetzen Schwierigkeiten machen, kannst du sie hier in der Reihenfolge ihres Vorkommens im Text nachschlagen:

dēnique *Adv.*	schließlich, zuletzt
pervenīre, perveniō, pervēnī, perventum ad / in *m. Akk.*	kommen zu / nach
dīmittere, dīmittō, dīmīsī, dīmissum	aufgeben, entlassen
pārēre, pāreō, pāruī	gehorchen, sich richten nach
dēsīderāre, dēsīderō *m. Akk.*	sich sehnen nach, vermissen
iter, itineris *n*	Reise, Marsch, Weg
temptāre, temptō	angreifen; prüfen, versuchen
fallere, fallō, fefellī	täuschen, betrügen
commovēre, commoveō, commōvī, commōtum	bewegen, veranlassen

unda	Gewässer, Welle
perīre, pereō, periī, peritūrum	umkommen, zugrunde gehen
vīs, *Akk.* vim, *Abl.* vī *f*	Gewalt, Kraft, Menge
iactāre, iactō	schleudern, rühmen
lītus, lītoris *n*	Strand, Küste
quiēscere, quiēscō, quiēvī, quiētum	(aus)ruhen, schlafen
excitāre, excitō	erregen, ermuntern, wecken
condere, condō, condidī, conditum	verwahren, verbergen; erbauen, gründen
adesse, adsum, adfuī *(m. Dat.)*	da sein; helfen
domum *Adv.*	nach Hause
ōrnāre, ōrnō	ausstatten, schmücken

Grammatik

Das Participium coniunctum (PC)

Ein Participium coniunctum (PC) ist eine Verbform, die in KNG-Kongruenz zu einem Nomen steht. Es drückt eine Handlung aus. Diese Handlung steht in einem bestimmten Zeitverhältnis zur Haupthandlung des Satzes – ausgedrückt im Prädikat – und ist entweder aktiv oder passiv.

1) Partzip Präsens Aktiv (PPA)	Bsp.: amans, amantis	Die Handlung ist gleichzeitig (gz) und aktiv.
2) Partizip Perfekt Passiv (PPP)	Bsp.: amatus, a, um	Die Handlung ist vorzeitig (vz) und passiv.
3) Partizip Futur Aktiv (PFA), sehr selten:	Bsp.: amaturus, a, um	Die Handlung ist nachzeitig (nz) und aktiv.

Für die Übersetzung markiere zunächst das PC und sein Bezugswort und isoliere dann das PC und dazugehörige Ergänzungen durch Einklammern vom Rest des Satzes. Nun solltest du zuerst den Satz ohne PC-Klammer übersetzen, anschließend die PC-Klammer.

Beispiel: Troiani *equum* (a Graecis in litore relictum) in urbem traxerunt.
1. Schritt: Die Trojaner zogen das Pferd in die Stadt,
2. Schritt: *das von den Griechen am Strand zurückgelassen worden war.*

Je nach Textzusammenhang kannst du das PC mit einem Adverbialsatz oder mit einem Relativsatz (oder auch wörtlich) übersetzen. Die gebräuchlichsten Subjunktionen sind nachdem / als (temporal), weil / da (kausal) und obwohl (konzessiv).

Thema: Participium coniunctum (PC)	**Campus A**	**Felix Neu**	**Prima Nova**
PPP	L 18, S 3	L 31, F; L 33, S	L 25, F 1; S 1
PPA	L 19, F 2; S 2	L 34, F; S	L 27, F; S
PFA	L 28, 2; S 2	L 54, F 1; S 1	L 42, F 1; S 1
Übersetzungstechnik	L 18, M 3; L 19, S 3, M 3	L 33, S; L 34, S; L 36, S; L 55, S 1	L 25, M; L 28, S 2; M 1, M 2

Odysseus' Heimkehr

NIVEAU A

Fide per viginti annos servata Penelopa[1] tandem procis[2] nuptias proposuit, si quis arcum[3] Ulixis mariti tendere posset. Nam Ulixe ante Troiam pugnante multi viri in domum eius venerant, ut Penelopam, coniugem eius, in matrimonium ducerent[4] imperiumque Ithacae[5] acciperent. Quibus opes regias consumentibus Ithaca non iam valuit.

Interea[6] autem Ulixes Penelopa ignorante in patriam redierat. Nam Alcinous[7], rex Phaeacum[8], eum multis donis instructum in patriam deduci iusserat.

Ita evenit, ut Ulixes specie mutata – nam Minerva dea speciem eius mutaverat – solus arcum tenderet et dea iuvante coniugem e manibus procorum liberaret.

Procis ab Ulixe repulsis Ithaca iterum valuit. Ulixe mortuo Telemachus[9] filius in locum eius successit.

[1] **Pēnelopa** Penelope *(Ehefrau des Odysseus)*
[2] **procus** Freier, Heiratsbewerber
[3] **arcus, ūs** *m* Bogen
[4] **in mātrimōnium dūcere** heiraten
[5] **Ithaca** Ithaka *(Heimatinsel des Odysseus)*
[6] **intereā** *Adv.* inzwischen
[7] **Alcinous** Alkinoos *(König der Phäaken)*
[8] **Phaeāces, um** *m Pl.* die Phäaken *(märchenhaftes Seefahrervolk)*
[9] **Tēlemachus** Telemachos *(Sohn des Odysseus)*

1 Übersetze den Text.
Falls du damit Schwierigkeiten hast, befasse dich zunächst mit den grammatischen Erklärungen und dem Wortschatz am Ende dieser Trainingseinheit (→ S. 21).

Odysseus und Penelope. Terracottarelief aus dem 5. Jh. v. Chr. Paris, Louvre.

NIVEAU B

(Fide per viginti annos servata) **Penelopa**[1] tandem procis[2] nuptias **proposuit**, si **quis** arcum[3] Ulixis mariti **tendere posset**. Nam (Ulixe ante Troiam pugnante) **multi viri** in domum eius **venerant**, ut Penelopam, coniugem eius, in matrimonium **ducerent**[4] imperiumque Ithacae[5] **acciperent**. (Quibus opes regias consumentibus) **Ithaca** non iam **valuit**. Interea[6] autem **Ulixes** (Penelopa ignorante) in patriam **redierat**. Nam **Alcinous**[7], rex Phaeacum[8], eum <multis donis instructum> in patriam deduci **iusserat**.

Ita **evenit**, ut **Ulixes** specie mutata – nam **Minerva dea** speciem eius **mutaverat** – solus arcum **tenderet** et dea iuvante coniugem e manibus procorum **liberaret**.

Procis ab Ulixe repulsis **Ithaca** iterum **valuit**. Ulixe mortuo **Telemachus**[9] **filius** in locum eius **successit**.

[1] **Pēnelopa** Penelope *(Ehefrau des Odysseus)* – [2] **procus** Freier, Heiratsbewerber – [3] **arcus, ūs** *m* Bogen
[4] **in mātrimōnium dūcere** heiraten – [5] **Ithaca** Ithaka *(Heimatinsel des Odysseus)* – [6] **intereā** *Adv.* inzwischen
[7] **Alcinous** Alkinoos *(König der Phäaken)* – [8] **Phaeāces, um** *m Pl.* die Phäaken *(märchenhaftes Seefahrervolk)*
[9] **Tēlemachus** Telemachos *(Sohn des Odysseus)*

Beispiel:
servata, PPP, vz

Hilfen:
Subjekte und Prädikate sind **fett** hervorgehoben. In den ersten Absätzen ist auch jeweils die Klammer beim Abl. abs. ( ) und dem PC < > bereits gesetzt.

1 Befasse dich zunächst mit den grammatischen Erklärungen und dem Wortschatz am Ende dieser Trainingseinheit (→ S. 19).
2 Vorarbeiten zur Übersetzung.
a) Klammere im dritten und vierten Absatz jeweils den Abl. abs. ein.
b) Entscheide bei allen Abl. abs.-Konstruktionen des Textes, welches Partizip jeweils vorliegt, indem du nach dem Muster in der Randspalte Form und Zeitverhältnis bestimmst.
3 Übersetze den Text.

NIVEAU C

1. (Fide per viginti annos servata)
Penelopa tandem procis nuptias **proposuit**,
si **quis** arcum Ulixis mariti
tendere **posset**.

2. Nam (Ulixe rege ante Troiam pugnante)
multi viri in domum eius **venerant**,
ut Penelopam, coniugem eius, in matrimonium **ducerent**
imperiumque Ithacae **acciperent**.

3. (Quibus opes regias consumentibus)
Ithaca non iam **valuit**.

4. Interea autem **Ulixes** (Penelopa ignorante)
in patriam **redierat**.

5. Nam **Alcinous**, rex Phaeacum, eum
<multis donis instructum>
in patriam deduci **iusserat**.

6. Ita **evenit**,
ut **Ulixes** (specie mutata)
– nam **Minerva dea** speciem eius **mutaverat** –
solus arcum **tenderet** et
(dea iuvante)
coniugem e manibus procorum **liberaret**.

7. (Procis ab Ulixe repulsis)
Ithaca iterum **valuit**.

8. (Ulixe mortuo)
Telemachus filius in locum eius successit.

1. **Pēnelopa** Penelope *(Ehefrau des Odysseus)* **procus** Freier, Heiratsbewerber **(... servātā):** *Abl. abs. (PPP, vz + Passiv) übersetze:* postquam fides ... servata est, Penelopa ... **proposuit** < proponere **quis** ~ aliquis **arcus, ūs** *m* Bogen **tendere** *hier:* spannen

2. **(... pūgnante):** *Abl. abs. (PPA, gz + Aktiv) übersetze:* dum Ulixes ... pugnat, multi viri ... **vēnerant** *Plusqpf.* **in mātrimōnium dūcere** heiraten **Ithaca** Ithaka *(Heimatinsel des Odysseus)*

3. **Quibus** *relativer Satzanschluss:* diese **(... cōnsūmentibus):** *Abl. abs. (PPA, gz + Aktiv) übersetze:* Quia ii opes regias consumebant, Ithaca ... **valēre** *hier:* in gutem Zustand sein

4. **(... īgnōrante):** *Abl. abs. (PPA, gz + Aktiv)* **redierat** < redire *Plusqpf.*

5. **Alcinous** Alkinoos *(König der Phäaken)* **Phaeāces, um** *m Pl.* die Phäaken *(märchenhaftes Seefahrervolk)*
<īnstrūctum>:
PC: Bestimme das Partizip: ________, ________ + ________
< instruere *m. Abl.* ausrüsten mit **dēdūcī:** *Inf. Präs. Pass.* **iusserat** < iubere *Plusqpf.*

6. **ēvēnit, ut** *m. Konj.* es geschah, dass
(... mūtātā):
Abl. abs.: Bestimme das Partizip: ________, ________ + ________
mūtāverat: *Plusqpf.* **arcum tendere:** *vgl. Satz 1*
(... iuvante):
Abl. abs.: Bestimme das Partizip: ________, ________ + ________

7. **(... repulsīs):**
Abl. abs.: Bestimme das Partizip: ________, ________ + ________
repulsīs < repellere

8. **(Ulixe mortuō):** *nominaler Abl. abs.: übersetze:* „als ... war" **Tēlemachus** Telemachos *(Sohn des Odysseus)* **successit** < succēdere

Hilfen:
Subjekte und Prädikate sind **fett** hervorgehoben. Außerdem ist in den Sätzen jeweils die Klammer bei Abl. abs. ( ) und PC < > gesetzt. In der rechten Spalte findest du Vokabelangaben und Hilfen für die Grammatik, die über die Wiederholungswörter und die Wiederholungsgrammatik hinausgehen.

1 Befasse dich zunächst mit den grammatischen Erklärungen und dem Wortschatz am Ende dieser Trainingseinheit (→ S. 21).
2 Entscheide zur Vorbereitung der Übersetzung der Sätze 5 bis 7, welches Partizip vorliegt, indem du nach dem Vorbild der Sätze 1 bis 4 in der rechten Spalte die Lücken füllst.
3 Übersetze den Text.

Wortschatz

Wiederhole den Wortschatz. Falls dir einzelne Wörter beim Übersetzen Schwierigkeiten machen, kannst du sie hier in der Reihenfolge ihres Vorkommens im Text nachschlagen:

fidēs, fideī *f*	Glaube, Treue, Vertrauen, Zuverlässigkeit
nūptiae, ārum *f Pl.*	Hochzeit
tendere, tendō, tetendī, tentum	spannen, (aus)strecken, sich anstrengen
ops, opis *f*	Hilfe, Kraft; *Pl.* Macht, Mittel, Reichtum
cōnsūmere, cōnsūmō, cōnsūmpsī, cōnsūmptum	verbrauchen, verwenden
valēre, valeō	Einfluss haben; gesund sein, stark sein
intereā *Adv.*	inzwischen, unterdessen

redīre, redeō, rediī, reditum	zurückgehen, zurückkehren
īnstruere, īnstruō, īnstrūxī, īnstrūctum	aufstellen, ausrüsten, unterrichten
ēvenit, ut	es ereignet sich, dass
speciēs, speciēī *f*	Anblick, Aussehen, Schein
sōlus, a, um	allein, einzig
iuvāre, iuvō, iūvī	unterstützen, erfreuen
repellere, repellō, reppulī, repulsum	zurückstoßen, abweisen, vertreiben
succēdere, succēdō, successī, successum	(nach)folgen, nachrücken

Grammatik

Der Ablativus absolutus (Abl. abs.)

Ein Abl. abs. ist eine Einheit innerhalb eines Satzes, die aus zwei Wörtern im Ablativ besteht, bei denen es sich meist um ein Substantiv und ein Partizip (PPA, PPP) handelt. Vom Partizip können weitere Ergänzungen abhängen; diese stehen meist zwischen Partizip und Substantiv (geschlossene Wortstellung).

Beispiel: (*Troia* a Graecis *capta*) Ulixes in patriam redire conatus est.
1. Schritt: Odysseus versuchte in die Heimat zurückzukehren,
2. Schritt: *nachdem Troja* von den Griechen *erobert worden war*.

Gehe für die Übersetzung ähnlich vor wie beim PC: Markiere zunächst das Partizip im Ablativ und sein Bezugswort, das Substantiv im Ablativ; isoliere diese Einheit dann durch Einklammern von dem Rest des Satzes. Nun solltest du zuerst den Satz ohne Abl.abs.-Klammer übersetzen, anschließend die Abl.abs.-Klammer dazu.

Oft wird ein Abl.abs. mit einem Adverbialsatz übersetzt. Die gebräuchlichsten Subjunktionen sind nachdem / als (temporal), weil / da (kausal) und obwohl (konzessiv).
Sonderform des Abl.abs.: An die Stelle des Partizips können auch bestimmte Substantive und Adjektive treten (z.B. Caesare duce / consule; Caesare vivo / invito).

Thema: Ablativus absolutus	**Campus A**	**Felix Neu**	**Prima Nova**
Erscheinungsform	L 23, S 1	L 56, S	L 30, S; L 31, S 1
Übersetzungstechnik	L 23, M 1; S 2; M 2	L 57, S	L 31, M
Nominaler Abl. abs.	L 23, S 2	L 58, S	L 31, S 2

Von Lehrern und Schülern

NIVEAU A

Magister docendi peritus[1] imprimis ingenium naturamque perspiciet eorum, quos ad instituendum susceperit. Ingenii signum in parvis pueris imprimis memoria est. Eius duplex[2] est virtus, primum virtus facile comprehendendi, deinde virtus bene continendi. Proximum ingenii signum est virtus imitandi.

In laborando discipulis aliqua remissio[3] detur, non solum, quia nulla res est, quae perferre possit perpetuum laborem, sed quia studium discendi constat in[4] voluntate, quae cogi non potest. Itaque renovati[5] discipuli plus virium afferunt ad discendum.

Magister ipse nec habeat vitia nec ferat! Sit simplex[6] in docendo; in laudando nec malignus[7] nec effusus[8] sit, quia res altera odium laboris, altera securitatem[9] parit. Nec sit acerbus in reprehendendo; nam id multos a studiis repellit.

Magister ipse multa dicat, quae discipuli secum domum referant. Cum satis exemplorum ad imitandum ex libris det, tamen viva illa vox magistri plus efficit.

[1] **perītus** *m. Gen.* erfahren in

[2] **duplex, duplicis** doppelt

[3] **remissiō, ōnis** *f* Pause, Entspannung

[4] **cōnstāre in** *m. Abl.* beruhen auf

[5] **renovātus** erfrischt

[6] **simplex, simplicis** einfach, gut verständlich

[7] **malīgnus** knauserig

[8] **effūsus** überschwänglich, ausufernd

[9] **sēcūritās, ātis** *f* Sorglosigkeit

1 Übersetze den Text.
Falls du damit Schwierigkeiten hast, befasse dich zunächst mit den grammatischen Erklärungen und dem Wortschatz am Ende dieser Trainingseinheit (→ S. 25).

Ein Vater fragt seinen Sohn die gelernte Lektion ab. Grabrelief eines römischen Knaben aus dem 3. Jh. n. Chr.

NIVEAU B

Magister docendi **peritus**[1] imprimis ingenium naturamque **perspiciet** eorum, quos ad instituendum **susceperit**. Ingenii **signum** in parvis pueris imprimis **memoria est**. Eius **duplex**[2] **est virtus**, primum virtus facile comprehendendi, deinde virtus bene continendi. **Proximum** ingenii **signum est virtus** imitandi.

In laborando discipulis **aliqua remissio**[3] **detur**, non solum, quia **nulla res est**, **quae perferre possit** perpetuum laborem, sed quia **studium** discendi constat in[4] voluntate, **quae cogi** non **potest**. Itaque **renovati**[5] **discipuli** plus virium **afferunt** ad discendum.

Magister ipse nec **habeat** vitia nec **ferat**! **Sit simplex**[6] in docendo; in laudando nec **malignus**[7] nec **effusus**[8] **sit**, quia **res altera** odium laboris, **altera** securitatem[9] **parit**. Nec **sit acerbus** in reprehendendo; nam **id** multos a studiis **repellit**. **Magister ipse** multa **dicat**, quae **discipuli** secum domum **referant**. Cum satis exemplorum ad imitandum ex libris **det**, tamen **viva illa vox** magistri plus **efficit**.

Ein Vater mit seiner kleinen Tochter an der Hand. Römischer Grabstein. 2. Jh. n. Chr. Metz, Musée d'Art et d'Histoire.

[1] **perītus** *m. Gen.* erfahren in – [2] **duplex, duplicis** doppelt – [3] **remissiō, ōnis** *f* Pause, Entspannung – [4] **cōnstāre in** *m. Abl.* beruhen auf – [5] **renovātus** erfrischt – [6] **simplex, simplicis** einfach, gut verständlich – [7] **malīgnus** knauserig – [8] **effūsus** überschwänglich, ausufernd – [9] **sēcūritās, ātis** *f* Sorglosigkeit

Hilfen:
Subjekte und Prädikate sind **fett** hervorgehoben. In den Formen des Gerundiums sind die Buchstaben nd als Erkennungszeichen blau markiert.

1 Befasse dich zunächst mit den grammatischen Erklärungen und dem Wortschatz am Ende dieser Trainingseinheit (→ S. 25).
2 Übersetze den Text.

NIVEAU C

1. **Magister** (docendi) **peritus** imprimis ingenium naturamque **perspiciet** eorum,
quos (ad instituendum) **susceperit**.
2. Ingenii **signum** in parvis pueris imprimis **memoria est**.
3. Eius **duplex est virtus**,
primum virtus (facile comprehendendi),
deinde virtus (bene continendi).
4. **Proximum** ingenii **signum est virtus** imitandi.
5. (In laborando) discipulis **aliqua remissio detur**,
non solum, quia **nulla res est**,
quae perferre possit perpetuum laborem,
sed quia **studium** (discendi) **constat** in voluntate,
quae cogi non potest.
6. Itaque **renovati discipuli** plus virium **afferunt** (ad discendum).
7. **Magister ipse** nec **habeat** vitia nec **ferat**!
8. **Sit simplex** (in docendo);
9. (in laudando) nec **malignus** nec **effusus sit**,
quia **res altera** odium laboris,
altera securitatem **parit**.
10. Nec **sit acerbus** (in reprehendendo);
11. nam **id** multos a studiis **repellit**.
12. **Magister ipse** multa **dicat**,
quae **discipuli** secum domum **referant**.
13. Cum satis exemplorum (ad imitandum) ex libris **det**,
tamen **viva illa vox** magistri plus **efficit**.

1. **perītus** *m. Gen.* erfahren in

perspiciet: *Fut. I* < perspicere **eōrum** < is *Gen. Pl m* ~ discipulorum
suscēperit: *Fut. II* < suscipere

3. **eius** ~ memoriae **duplex** zweifach **virtūs** *hier:* Vorzug, Leistung **facile** *Adv.*

5. **remissiō, ōnis** *f* Pause, Entspannung
dētur < dare *Jussiv* es soll ...

possit < posse könnte

cōnstāre in: *m. Abl.* beruhen auf
cōgī: *Inf. Präs. Pass.* erzwungen werden

6. **renovātus** erfrischt **plūs vīrium** mehr an Kräften

7. **habeat; ferat:** *Jussiv* er soll ...

8. **sit:** *Jussiv* er soll ... **simplex, simplicis** einfach, gut verständlich
9. **malīgnus** knauserig **effūsus** überschwänglich, ausufernd **sit:** *Jussiv* er soll ...

sēcūritās, ātis *f* Sorglosigkeit

10. **sit:** *Jussiv* er soll ...

12. **dicat:** *Jussiv* er soll ...
referant < referre *übersetze:* zurücktragen können

13. **cum** obwohl

Hilfen:
Subjekte und Prädikate sind **fett** hervorgehoben. Bei den Formen des Gerundiums sind die Buchstaben nd als Erkennungszeichen blau markiert, ggf. zeigt eine Klammer die inhaltliche Anbindung auf (z. B. **studium** discendi ~ der Eifer zu lernen, d. h. der Lerneifer). In der rechten Spalte findest du Vokabelangaben und Hilfen für die Grammatik, die über die Wiederholungswörter und die Wiederholungsgrammatik hinausgehen.

1 Befasse dich zunächst mit den grammatischen Erklärungen und dem Wortschatz am Ende dieser Trainingseinheit (→ S. 25).
2 Übersetze den Text.

Wortschatz

Wiederhole den Wortschatz. Falls dir einzelne Wörter beim Übersetzen Schwierigkeiten machen, kannst du sie hier in der Reihenfolge ihres Vorkommens im Text nachschlagen:

docēre, doceō, docuī, doctum	lehren, unterrichten
ingenium	Begabung, Talent
imprīmīs *Adv.*	besonders, vor allem
perspicere, perspiciō, perspexī, perspectum	erkennen, genau betrachten, sehen
parvus, a, um	klein, gering
continēre, contineō, continuī, contentum *(m. Abl.)*	festhalten, hemmen; *Pass.* enthalten sein, beruhen (auf etw.)
perferre, perferō, pertulī, perlātum	(über)bringen, ertragen
discere, discō, didicī	lernen, erfahren

voluntās, voluntātis *f*	Absicht, Wille, Zustimmung
afferre, afferō, attulī, allātum	bringen, herbeibringen, mitbringen; melden
vīs, *Akk.* vim, *Abl.* vī *f*	Gewalt, Kraft, Menge
ūtilis, e	nützlich
mōs, mōris *m*	Sitte, Brauch; *Pl.* Charakter
vitium	Fehler, schlechte Eigenschaft
parere, pariō, peperī, partum	zur Welt bringen; schaffen
acerbus, a, um	bitter, grausam, rücksichtslos
repellere, repellō, reppulī, repulsum	zurückstoßen, abweisen, vertreiben

Grammatik

Das Gerundium

Auch im Lateinischen kann man ein Verb, z. B. **discere**, zu einem Substantiv machen und es deklinieren. Das Erkennungszeichen ist -nd-; die einzelnen Kasus lauten z. B. **discendi** (Genitiv), **discendo** (Dativ), **discendum** (Akkusativ), **discendo** (Ablativ).

Bei der Übersetzung gibt man das Gerundium im Deutschen mit einem Infinitiv oder mit einem Substantiv wieder, z. B.

ars verba discendi ⇨
1. die Kunst, Vokabeln zu lernen
2. die Kunst des Vokabellernens

Ist das Gerundium im Ablativ oder in Verbindung mit einer Präposition gebraucht, bietet sich im Deutschen auch die Übersetzung mit einem Gliedsatz an, z. B.

Scribendo verba disco. ⇨
1. Durch das Schreiben lerne ich die Vokabeln.
2. Indem ich (sie) schreibe, lerne ich die Vokabeln.

Thema	Campus A	Felix Neu	Prima Nova
Gerundium	L 29, F 2; S 2	L 63, F, S	L 43, F 1; S 1

Hitzefrei

NIVEAU A

Während der Pause überlegen Peter (P), Claudia (C) und Andreas (A), wie sie ihren Lehrer (M) dazu bringen können, ihnen freizugeben.

P: Iam diu et animus et caelum invitant[1] ad ludendum[2], sed solus magister non invitat. Utinam ludere permitteret!

C: Mittamus ergo Andream! Qui magistrum roget, ut id nobis permittat!

P: Quid? Facilius clavam[3] trahas e manu Herculis quam ab hoc ludendi licentiam. Vereor, ne irascatur.

C: At nemo quondam fuit ludendi cupidior illo, ut quidam suspicantur.

P: Sic est, sed magister non iam meminit se quoque fuisse puerum.

C: Fortuna iuvante Andreas suppliciter precando et multa pollicendo impetret, ut magister nos dimittat.

P: Ergo conetur[4] – Andreas, suscipiesne hanc legationem?

A: Conabor. – *(ad magistrum)* Salve, magister!

M: Dic, quid velis, puer! Morbone quodam laboras?

A: Minime. Sed hodie nos omnes aestus torquet. Quem non iam patimur.

M: Profecto!

A: Cum aestus nos torqueat, tota discipulorum tuorum turba hodie studere non vult. Oramus, ut nobis licentiam ludendi des. Cras[5] nos plus operae in studendo posituros esse pollicemur.

M: Quis pollicebitur istud futurum esse?

A: Ego – capitis mei periculo!

M: Immo culi[6] periculo! – Ludant ergo discipuli et ludendi causa foras egrediantur!

[1] **invītāre ad** *m. Akk.* einladen zu
[2] **lūdere** spielen
[3] **clāva** Keule
[4] **cōnārī** versuchen
[5] **crās** *Adv.* morgen
[6] **cūlus** der Hintern

1 Übersetze den Text.
Falls du damit Schwierigkeiten hast, befasse dich zunächst mit den grammatischen Erklärungen und dem Wortschatz am Ende dieser Trainingseinheit (→ S. 29).

NIVEAU B

Während der Pause überlegen Peter (P), Claudia (C) und Andreas (A), wie sie ihren Lehrer (M) dazu bringen können, ihnen freizugeben.

P: Iam diu et **animus** et **caelum invitant**[1] ad ludendum[2], sed **solus magister** non **invitat**. Utinam ludere permitteret!

C: Mittamus ergo Andream! **Qui** magistrum roget, ut id nobis permittat!

P: Quid? Facilius clavam[3] trahas e manu Herculis quam ab hoc ludendi licentiam. **Vereor**, ne irascatur.

C: At **nemo** quondam **fuit** ludendi **cupidior** illo, ut **quidam suspicantur**.

P: Sic **est**, sed **magister** non iam **meminit** se quoque fuisse puerum.

C: Fortuna iuvante **Andreas** suppliciter precando et multa pollicendo **impetret**, ut **magister** nos dimittat.

P: Ergo conetur[4] – Andreas, **suscipies**ne hanc legationem?

A: **Conabor**. – *(ad magistrum)* **Salve**, magister!

M: **Dic**, quid velis, puer! Morbone quodam **laboras**?

A: Minime. Sed hodie nos omnes **aestus torquet**. Quem non iam **patimur**.

M: Profecto!

A: Cum aestus nos torqueat, **tota** discipulorum tuorum **turba** hodie studere non **vult**. **Oramus**, ut nobis licentiam ludendi des. Cras[5] nos plus operae in studendo posituros esse **pollicemur**.

M: Quis **pollicebitur** istud futurum esse?

A: Ego – capitis mei periculo!

M: Immo culi[6] periculo! – Ludant ergo **discipuli** et ludendi causa foras egrediantur!

[1] **invītāre ad** *m. Akk.* einladen zu
[2] **lūdere** spielen
[3] **clāva** Keule
[4] **cōnārī** versuchen
[5] **crās** *Adv.* morgen
[6] **cūlus** der Hintern

Hilfen:
Subjekte und Prädikate sind **fett** hervorgehoben. Konjunktivformen in einem Hauptsatz sind rot, Konjunktivformen in einem Gliedsatz blau markiert.

1 Befasse dich zunächst mit den grammatischen Erklärungen und dem Wortschatz am Ende dieser Trainingseinheit (→ S. 29).
2 Übersetze den Text.

NIVEAU C

Während der Pause überlegen Peter (P), Claudia (C) und Andreas (A), wie sie ihren Lehrer (M) dazu bringen können, ihnen freizugeben.

1. P: Iam diu et **animus** et **caelum invitant** ad ludendum, sed **solus magister** non **invitat**.
2. Utinam ludere permitteret!
3. C: Mittamus ergo Andream!
4. **Qui** magistrum roget,
   ut id nobis permittat!
5. P: Quid? Facilius clavam trahas
   e manu Herculis quam ab hoc ludendi licentiam.
6. **Vereor**, ne irascatur.
7. C: At **nemo** quondam **fuit** ludendi **cupidior** illo,
   ut **quidam suspicantur**.
8. P: Sic **est**, sed **magister** non iam **meminit**
   <se quoque fuisse puerum>.
9. C: (Fortuna iuvante) **Andreas**
   suppliciter precando et multa pollicendo
   impetret,
   ut **magister** nos dimittat.
10. P: Ergo conetur! –
11. Andreas, **suscipies**ne hanc legationem?
12. A: **Conabor**. – (*ad magistrum*) **Salve**, magister!
13. M: **Dic**, quid velis, puer!
14. Morbone quodam **laboras**?
15. A: Minime. Sed hodie nos omnes **aestus torquet**.
16. Quem non iam **patimur**. – M: Profecto!
17. A: Cum **aestus** nos torqueat,
    tota discipulorum tuorum **turba** hodie studere non **vult**.
18. **Oramus**,
    ut nobis licentiam ludendi des.
19. <Cras nos plus operae in studendo posituros esse>
    pollicemur.
20. M: **Quis pollicebitur** <istud futurum esse>?
21. A: Ego – capitis mei periculo!
22. M: Immo culi periculo! –
    Ludant ergo **discipuli** et ludendi causa foras egrediantur!

Hilfen:
Subjekte und Prädikate sind **fett** hervorgehoben. Konjunktivformen in einem Hauptsatz sind rot, Konjunktivformen in einem Gliedsatz blau markiert. In der rechten Spalte findest du Vokabelangaben und weitere Hilfen für die Grammatik, z. B. Hinweise zu einem Deponens.

1. **invītāre ad** *m. Akk.* einladen zu **lūdere** spielen

3. **mittāmus** < mittere *Hortativ:* Lasst uns …
4. **roget** *Jussiv* soll…
5. **clāva** Keule **facilius … quam** leichter … als **hōc** ~ magistro
6. **vereor** < vereri *Deponens* **īrāscātur** < irasci *Deponens*
7. **cupidior … illō:** *Vergleich* begieriger als … **suspicantur** < suspicari *Deponens*

8. **meminit** < meminisse <…> AcI **sē** *hier:* er **fuisse** *Inf. Perf. Aktiv (vz)*

9. **(… iuvante):** *Abl. abs. (PPA, gz + Aktiv)*

10. **cōnētur** < conari versuchen *Deponens: Jussiv* er soll …
11. **suscipiēs:** *Fut. I* < suscipere **-ne:** *Fragepartikel (unübersetzt)*

13. **dīc** < dicere *Imp.* **velīs** < velle *Konj. Präs.*

16. **Quem:** *relativer Satzanschluss* Quem (aestum) Diese (Hitze) **patimur** < pati *Deponens*
18. **dēs** < dare
19. **crās** *Adv.* morgen **plūs operae** mehr Mühe **< … >** *AcI:* **nōs** wir **positūrōs esse:** *Inf. Fut. (nz)* **pollicēmur** < polliceri *Deponens*
20. **<…>** *AcI:* **istud** dies **futūrum esse** *Inf. Fut. (nz)*
21. **perīculō** *m. Gen. obi.* unter Gefahr für …
22. **cūlus** der Hintern **lūdant** < ludere *Jussiv* sie sollen … **causā** *m. Gen.* um zu … **ēgrediantur** < egredi *Deponens: Jussiv* sie sollen

1 Befasse dich zunächst mit den grammatischen Erklärungen und dem Wortschatz am Ende dieser Trainingseinheit (→ S. 29).
2 Übersetze den Text.

Wortschatz

Wiederhole den Wortschatz. Falls dir einzelne Wörter beim Übersetzen Schwierigkeiten machen, kannst du sie hier in der Reihenfolge ihres Vorkommens im Text nachschlagen:

caelum	Himmel	supplex, supplicis	demütig bittend
sōlus, a, um	allein, einzig	precārī, precor	bitten
rogāre, rogō	bitten, erbitten; fragen	pollicērī, polliceor, pollicitus sum	versprechen
trahere, trahō, trāxī, tractum	schleppen, ziehen	impetrāre, impetrō	erreichen, durchsetzen
licentia	Freiheit, Willkür	suscipere, suscipiō, suscēpī, susceptum *m. Akk.*	auf sich nehmen, sich (einer Sache) annehmen, unternehmen
verērī, vereor, veritus sum	fürchten, sich scheuen vor; verehren	morbus	Krankheit
īrāscī, īrāscor *(m. Dat.)*	in Zorn geraten, zornig sein (gegen / über)	aestus, ūs *m*	Flut, Hitze
nēmō (*Gen.* nēminis / nūllīus)	niemand, kein(er)	patī, patior, passus sum	(er)leiden, ertragen, zulassen
suspicārī, suspicor	vermuten	opera	Arbeit, Mühe
meminisse, meminī *Perf. m. Gen. / Akk.*	sich erinnern; *(m. AcI)* daran denken	causā (nachgestellt) *m. Gen.*	wegen
iuvāre, iuvō, iūvī	unterstützen, erfreuen	forās *Adv.*	heraus, hinaus (wohin?)
		ēgredī, ēgredior, ēgressus sum	herausgehen, verlassen

Grammatik

Der Konjunktiv – das Deponens

a) Der Konjunktiv

Hier erhältst du grundlegende Informationen für die Übersetzung einer lateinischen Konjunktivform ins Deutsche und eine bewährte Faustregel für die Übersetzung. Gehe folgendermaßen vor:

1. Kläre: Befindet sich die Konjunktivform in einem Hauptsatz oder in einem Gliedsatz?

⇩

Konjunktiv im Hauptsatz

→ Faustregel:

Der Konjunktiv wird **„hörbar“** gemacht. Dafür verwendest du im Dt. meistens ein Modalverb (sollen, können etc.).

z. B. Roget magistrum!

Er soll den Lehrer bitten!

Vorsicht aber bei Bedingungssätzen!

⇩

Konjunktiv im Gliedsatz

→ Faustregel:

1. Der Konjunktiv wird in der Regel **nicht „hörbar“** gemacht.

z. B. Te rogo, ut venias.

Ich bitte dich, dass du kommst.

z. B. Si venires, laeti essem.

Wenn du kämest, wäre ich froh.

2. Beachte beim Konjunktiv in Gliedsätzen das Zeitverhältnis!

Konjunktivformen in Gliedsätzen drücken das Zeitverhältnis der Nebenhandlung (Gliedsatz) zur Haupthandlung (Hauptsatz) aus. Die Nebenhandlung verläuft gleichzeitig (Konj. Präs., Konj. Imperf.) oder vorzeitig (Konj. Perf., Konj. Plusqpf.) zur Haupthandlung.

b) Deponentien

Diese Verben weisen die Besonderheit auf, dass sie passive Formen bilden, diese Formen aber trotzdem aktive Bedeutung haben. Die aktiven Formen sind „abgelegt“ *(deponere)*. Übersetze also immer mit deutschen Aktivformen, z. B. loquitur – er spricht / locutus est – er sprach / hat gesprochen.

Thema	Campus A	Felix Neu	Prima Nova
Konjunktiv im Hauptsatz	L 27, S1, S 2; L 28, S 1; M 2	L 59, S; L 71, S	L 41, S 2; L 45, S 1, S 2
Konjunktiv im Gliedsatz	L 24, S2, S3	L 50, S; L 51, S 1, S 2; L 61, S 2	L 39, S 1; L 40, S 1, S 2
Deponens	L 30, F 1, F 2, S 2	L 68, F 1, F 2, S	L 45, F; S 1, S 2

Hausaufgaben gemacht?

NIVEAU A

Wenn nicht, erfahrt ihr aus folgendem Gespräch, das Andreas (A) und Peter (P) auf dem Schulweg führen, wie ihr euch helfen könnt.

A: Cur adeo curris, Petre?

P: Quia actum est de[1] me, nisi adfuero in tempore.

A. Hac in re tibi nihil timendum est. Specta horologium[2]!

P: Ego vix habeo fidem horologiis; non semper vera dicunt. Sed alia nobis metuenda sunt. Recitandum enim est e memoria carmen Horatii poetae. Quod facere certe non possum.

A: Commune periculum narras. Neque enim ipse versus[3] memoria teneo, quos magister nobis discendos dedit.

P: Magister igitur nobis cavendus est. Non magis parcit nostris natibus[4], quam si corium bubulum[5] esset.

A: Sed is non aderit in ludo[6].

P: Cui discipulos tradidit instituendos?

A: Servo suo.

P: Eius baculum[7] magis vitandum est. Quid ergo faciendum est?

A: Dicamus carmen vicissim[8], altero recitante, altero librum inspiciente[9]! Sed utinam sis praesenti animo!

P: Vellem, si non adesset periculum.

A: Id negandum non est; tamen non agitur de capite, sed de parte[10] diversa.

[1] **āctum est dē** *m. Abl.* es ist geschehen um
[2] **hōrologium** Uhr
[3] **versus, ūs** *m* Vers
[4] **natis, is** *f* Hintern
[5] **corium būbulum** Rindsleder
[6] **lūdus** Schule
[7] **baculum** Stock
[8] **vicissim** *Adv.* mit gegenseitiger Hilfe
[9] **īn-spīcere** hineinschauen in
[10] **pars, partis** *f hier:* Körperteil

1 Übersetze den Text.
Falls du damit Schwierigkeiten hast, befasse dich zunächst mit den grammatischen Erklärungen und dem Wortschatz am Ende dieser Trainingseinheit (→ S. 33).

Schulszene. Grabrelief aus dem 2. Jh. n. Chr. Trier, Rheinisches Landesmuseum.

NIVEAU B

Wenn nicht, erfahrt ihr aus folgendem Gespräch, das Andreas (A) und Peter (P) auf dem Schulweg führen, wie ihr euch helfen könnt.

A: Cur adeo **curris**, Petre?

P: Quia **actum est** de[1] me, nisi **adfuero** in tempore.

A. Hac in re tibi **nihil timendum est**. **Specta** horologium[2]!

P: **Ego** vix **habeo** fidem horologiis; non semper vera **dicunt**. Sed **alia** nobis **metuenda sunt**. **Recitandum** enim **est** e memoria **carmen** Horatii poetae. Quod facere certe non **possum**.

A: Commune periculum **narras**. Neque enim **ipse** versus[3] memoria **teneo**, quos **magister** nobis discendos **dedit**.

P: **Magister** igitur nobis **cavendus est**. Non magis **parcit** nostris natibus[4], quam si **corium bubulum**[5] **esset**.

A: Sed **is** non **aderit** in ludo[6].

P: Cui discipulos **tradidit** instituendos?

A: Servo suo.

P: Eius **baculum**[7] magis **vitandum est**. **Quid** ergo **faciendum est**?

A: **Dicamus** carmen vicissim[8], altero recitante, altero librum inspiciente[9]! Sed utinam **sis praesenti animo**!

P: **Vellem**, si non **adesset periculum**.

A: **Id negandum** non **est**; tamen non **agitur** de capite, sed de parte[10] diversa.

[1] **āctum est dē** *m. Abl.* es ist geschehen um
[2] **hōrologium** Uhr
[3] **versus, ūs** *m* Vers
[4] **natis, is** *f* Hintern
[5] **corium būbulum** Rindsleder
[6] **lūdus** Schule
[7] **baculum** Stock
[8] **vicissim** *Adv.* mit gegenseitiger Hilfe
[9] **īn-spīcere** hineinschauen in
[10] **pars, partis** *f hier:* Körperteil

Hilfen:
Subjekte und Prädikate sind **fett** hervorgehoben. In den ersten Sätzen sind bei den Gerundiv-Formen die Buchstaben nd als Erkennungszeichen blau markiert, ferner sind – sofern vorhanden – jeweils die Form von esse und der Dativus auctoris kenntlich gemacht.

1 Befasse dich zunächst mit den grammatischen Erklärungen und dem Wortschatz am Ende dieser Trainingseinheit (→ S. 33).
2 Übersetze den Text.

NIVEAU C

Wenn nicht, erfahrt ihr aus folgendem Gespräch, das Andreas (A) und Peter (P) auf dem Schulweg führen, wie ihr euch helfen könnt.

1. A: Cur adeo **curris**, Petre?
2. P: Quia **actum est** de me,
   nisi **adfuero** in tempore.
3. A: Hac in re tibi **nihil timendum est**.
   Specta horologium!
4. P: **Ego** vix **habeo** fidem horologiis;
   non semper vera **dicunt**.
5. Sed **alia** nobis **metuenda sunt**.
6. **Recitandum** enim est e memoria **carmen**
   Horatii poetae.
7. Quod facere certe non **possum**.
8. A: Commune periculum **narras**.
9. Neque enim **ipse** versus memoria **teneo**,
   quos **magister** nobis discendos **dedit**.
10. P: **Magister** igitur nobis **cavendus est**.
11. Non magis **parcit** nostris natibus,
    quam si **corium bubulum esset**.
12. A: Sed **is** non **aderit** in ludo.
13. P: Cui discipulos **tradidit** instituendos?
14. A: Servo suo.
15. P: Eius **baculum** magis **vitandum est**.
    Quid ergo **faciendum est**?
16. A: **Dicamus** carmen vicissim
    (altero recitante, altero librum inspiciente)!
17. Sed utinam **sis praesenti animo**!
18. P: **Vellem**,
    si non **adesset periculum**.
19. A: **Id negandum** non **est**;
tamen non **agitur** de capite, sed de parte diversa.

1. **Petre** < Petrus *Vok.*

2. **āctum est dē** *m. Abl.* es ist geschehen um **adfuerō** < adesse *Fut. II*

3. **timendum est:** *präd. Gerundiv → Notwendigkeit* **tibi** *Dativus auctoris* von dir / du ... **hōrologium** Uhr

5. **metuenda sunt:** *präd. Gerundiv → Notwendigkeit* **nōbis:** *Dativus auctoris* von uns / wir ...

6. **recitandum est:** *präd. Gerundiv → Notwendigkeit*

7. **Quod:** *relativer Satzanschluss* Dies

9. **tenēre** *hier:* auswendig kennen **(quōs ...) discendōs** < discere: *präd. Gerundiv: übersetze mit* zum / zur ...

10. **cavendus est:** *präd. Gerundiv → Notwendigkeit* **nōbis** *Dativus auctoris* von uns / wir ...

11. **parcere** *m. Dat.* etw. schonen **natis,** is *f* Hintern **magis ..., quam** mehr ..., als **corium būbulum** Rindsleder

12. **aderit** < adesse *Fut. I* **lūdus** Schule

13. **(discipulōs ...) īnstituendōs** > instituere: *präd. Gerundiv übersetze:* zum / zur ...

15. **baculum** Stock **vītandum est; faciendum est:** *präd. Gerundiv → Notwendigkeit*

16. **Dīcāmus:** *Hortativ:* Lasst uns **vicissim** *Adv.* mit gegenseitiger Hilfe **(... recitante) / (... īnspīciente):** *Abl. abs.* (PPA, gz + Aktiv) **īn-spīcere** hineinschauen in

17. **utinam sis** < esse *Konj. Präs.* hoffentlich bist *(erfüllbarer Wunsch der Gegenwart)*

18. **vellem / adesset:** *Konj. Impf. zum Ausdruck der Unmöglichkeit*

19. **negandum non est:** *verneintes präd. Gerundiv → Verbot* **pars,** partis *f hier:* Körperteil

Hilfen:
Subjekte und Prädikate sind **fett** hervorgehoben. Bei den Gerundiv-Formen sind die Buchstaben nd als Erkennungszeichen blau markiert. In den Sätzen 3 bis 6 sind außerdem jeweils die Form von esse sowie der Dativus auctoris kenntlich gemacht. Diese musst du in den restlichen Sätzen selbst herausfinden. In der rechten Spalte findest du Vokabelangaben und weitere Hilfen für die Grammatik, die die über die Wiederholungswörter und die Wiederholungsgrammatik hinausgehen.

1 Befasse dich zunächst mit den grammatischen Erklärungen und dem Wortschatz am Ende dieser Trainingseinheit (→ S. 33).
2 Übersetze den Text.

Wortschatz

Wiederhole den Wortschatz. Falls dir einzelne Wörter beim Übersetzen Schwierigkeiten machen, kannst du sie hier in der Reihenfolge ihres Vorkommens im Text nachschlagen:

adeō *Adv.*	so sehr
fidēs, fideī *f*	Glaube, Treue, Vertrauen, Zuverlässigkeit
vērus, a, um	echt, richtig, wahr
metuere, metuō, metuī	(sich) fürchten
carmen, carminis *n*	Gedicht, Lied
igitur *Adv.*	also, folglich
cavēre, caveō, cāvī, cautum *(m. Akk.)*	sich hüten (vor), Vorsorge treffen

parcere, parcō, pepercī *m. Dat.*	schonen, sparen
magis ... quam *Adv.*	mehr, eher ... als
trādere, trādō, trādidī, trāditum	übergeben, überliefern
īnstituere, īnstituō, īnstituī, īnstitūtum	beginnen, einrichten, unterrichten
vītāre, vitō	meiden, vermeiden
utinam	hoffentlich, wenn doch

Grammatik

2. Grammatik: Das Gerundivum

Das Gerundivum ist neben dem Gerundium eine weitere Form mit dem Erkennungszeichen -nd-.
Das attributive Gerundivum ist als Adjektiv aufzufassen und hat deshalb ein Bezugswort, zu dem es in KNG-Kongruenz steht. Es wird dekliniert wie ein Adjektiv der a- und o-Deklination,

z. B. *femina amanda*.

Sonderfall 1: Das prädikative Gerundivum in Verbindung mit esse
In Verbindung mit esse bezeichnet das Gerundivum eine Handlung, die ausgeführt werden muss / soll (Notwendigkeit) bzw. nicht ausgeführt werden darf (Verbot), z. B.

Oratio habenda (non) est. Die Rede muss (darf nicht) gehalten werden.
Die Person, von der die Handlung ausgeführt werden soll, steht im Dativus auctoris (Dativ des Urhebers), z. B.

Magistro oratio habenda est. Der Lehrer muss die Rede halten.

Sonderfall 2: Das prädikative Gerundivum bei bestimmten Verben (z. B. dare)
Bei einigen Verben (z. B. dare, tradere, mittere) hat das Akkusativobjekt eine Ergänzung in Form eines Gerundivums. Das Gerundivum drückt hier einen Zweck aus und wird übersetzt mit zum / zur / zu, z. B.

Amico *librum legendum* do. Ich gebe dem Freund das Buch zum Lesen.

Thema: Gerundivum	**Campus A**	**Felix Neu**	**Prima Nova**
Form	L 30, F	L 72, F	L 43, F 2
Gerundivum mit esse	L 30, S 4	L 73, S	L 44, S 1
Dativus auctoris	L 30, S 4	L 73, S	L 44, S 1
Gerundivum bei Vollverben	L 30, S 4	L 73, S	L 44, S 1

Moderne Pädagogik

NIVEAU A

Magister, qui liberos perpetuo[1] studere cogit, docendi ignarus est. Nam liberi non semper memoriae exercendae operam dare possunt. Magister igitur bonus discipulis dat aliquod spatium ad vires recentes colligendas. Nec iocos[2] liberorum reprehendit; sunt enim signa ingenii. Servandus tamen est modus in iocis agendis! Nonnulli ludi etiam idonei sunt ad alenda liberorum ingenia, cum discipuli condiscipulos[3] interrogando inter se certant[4].

Violandi vero discipuli non sunt, quamquam a multis probatur; nam liberis verberandis[5] nihil efficies, quia studium discendi in voluntate constat[6], quae cogi non potest. Utamur igitur humanitate in docendis discipulis et doceamus eos non vindicando, sed ostendendo recta et falsa! Melius est facultatem[7] gaudii capiendi eis praebere quam eos terrere. Hoc enim modo eos, quos meliores facere volumus, peiores facimus, quia pessimo exemplo eis sumus.

[1] **perpetuō** *Adv.* dauerhaft

[2] **iocus** Scherz

[3] **con-discipulus** Mitschüler

[4] **certāre** wetteifern

[5] **verberāre** schlagen

[6] **cōnstāre in** *m. Abl.* auf etwas beruhen

[7] **facultās, ātis** *f* Möglichkeit

1 Übersetze den Text.
Falls du damit Schwierigkeiten hast, befasse dich zunächst mit den grammatischen Erklärungen und dem Wortschatz am Ende dieser Trainingseinheit (→ S. 37).

Die Personifikation der Grammatica fragt mit dem Zeigestock (baculus) in der Hand ihre Lateinschüler ab. Illustration aus dem 10. Jh. (Paris, Bibliothèque Nationale). Im Mittelalter war die lateinische Sprache die Grundlage aller Bildung: Lesen und Schreiben lernte man in der Schule an einfachen lateinischen Texten, vor allem Bibeltexten. Die Nationalsprachen waren noch nicht Gegenstand schulischer Bildung.

NIVEAU B

Magister, **qui** liberos perpetuo[1] studere **cogit**, docendi **ignarus est**. Nam **liberi** non semper memoriae exercendae operam dare **possunt**. **Magister** igitur **bonus** discipulis **dat** aliquod spatium ad vires recentes colligendas. Nec iocos[2] liberorum **reprehendit**; **sunt** enim **signa** ingenii. **Servandus** tamen **est modus** in iocis agendis! **Nonnulli ludi** etiam **idonei sunt** ad alenda liberorum ingenia, cum **discipuli** condiscipulos[3] interrogando inter se **certant**[4].

Violandi vero **discipuli** non **sunt**, quamquam a multis **probatur**; nam liberis verberandis[5] nihil **efficies**, quia **studium** discendi in voluntate **constat**[6], **quae** cogi non **potest**. **Utamur** igitur humanitate in docendis discipulis et **doceamus** eos non vindicando, sed ostendendo recta et falsa! **Melius est** facultatem[7] gaudii capiendi eis praebere quam eos terrere. Hoc enim modo eos, quos meliores facere **volumus**, peiores **facimus**, quia pessimo exemplo eis **sumus**.

1 **perpetuō** *Adv.* dauerhaft

2 **iocus** Scherz

3 **con-discipulus** Mitschüler

4 **certāre** wetteifern

5 **verberāre** schlagen

6 **cōnstāre in** *m. Abl.* auf etwas beruhen

7 **facultās, ātis** *f* Möglichkeit

Hilfen:
Subjekte und Prädikate sind **mit den gewohnten Farben** hervorgehoben. In der ersten Hälfte des Textes sind bei den Formen des Gerundium und Gerundiv die Buchstaben -nd- als Erkennungszeichen blau markiert, ferner ist beim prädikativen Gerundiv jeweils die Form von esse kenntlich gemacht.

1 Befasse dich zunächst mit den grammatischen Erklärungen und dem Wortschatz am Ende dieser Trainingseinheit (→ S. 37).
2 Übersetze den Text.

Schüler mit Schreibtafeln und Griffel auf dem Schulweg. Römisches Relief. 1. Jh. n. Chr. Saintes, Musée Archéologique.

NIVEAU C

1. **Magister**,
qui liberos perpetuo studere **cogit**,
docendi **ignarus est**.

2. Nam **liberi** non semper
(memoriae exercendae) operam dare **possunt**.

3. **Magister** igitur **bonus** discipulis **dat**
aliquod spatium (ad vires recentes colligendas).

4. Nec iocos liberorum **reprehendit**;
sunt enim **signa** ingenii.

5. **Servandus** tamen **est modus** (in iocis agendis)!

6. **Nonnulli ludi** etiam **idonei sunt** (ad alenda liberorum ingenia),
cum **discipuli** (condiscipulos interrogando)
inter se **certant**.

7. **Violandi** vero **discipuli** non **sunt**,
quamquam a multis **probatur**;

8. nam (liberis verberandis) nihil **efficies**,
quia **studium** discendi in voluntate **constat**,
quae cogi non **potest**.

9. **Utamur** igitur
humanitate (in docendis discipulis)
et **doceamus** eos (non vindicando),
(sed ostendendo recta et falsa)!

10. **Melius est** facultatem (gaudii capiendi) eis praebere
quam eos terrere.

11. Hoc enim modo eos,
quos meliores facere **volumus**,
peiores **facimus**,
quia pessimo exemplo eis **sumus**.

[1] **perpetuō** *Adv.* dauerhaft **īgnārus esse** *m. Gen.* ohne Kenntnis von etw. sein

[2] **operam dare** *m. Dat.* sich darum bemühen etw. zu tun

[3] **spatium ad** *m. Akk.* Zeit zu

[4] **iocus** Scherz

[5] **iocum agere** scherzen, einen Spaß machen

[6] **idōneus ad** *m. Akk.* geeignet zu **con-discipulus** Mitschüler

[7] **probātur** *hier: unpersönlich:* es wird ...

[8] **efficiēs:** *Fut.* / **cōnstāre in** *m. Abl.* auf etwas beruhen **cōgī:** *Inf. Präs. Pass.*

[9] **ūtī** *m. Abl.* etw. gebrauchen **ūtāmur; doceāmus:** *Hortativ:* Lasst uns ... **rēcta; falsa:** *Akk. Pl. n als Objekt zu* **ostendendō**

[10] **melius est ... quam ...** *m. Inf.* es ist besser zu ... als zu ... **facultās, ātis** *f* Möglichkeit

[11] **meliōrēs:** *Akk. Pl. m Komparativ zu* **bonus** **peiōrēs:** *Akk. Pl. m Komparativ zu* **malus** **pessimus:** *Superlativ zu* **malus**
exemplō esse *m. Dat.* ein Beispiel sein für jdn.

Hilfen:
Subjekte und Prädikate sind **fett** hervorgehoben. Bei den Formen des Gerundiums und Gerundivums sind die Buchstaben -nd- als Erkennungszeichen blau markiert, ggf. ist die dazugehörige Form von esse kenntlich gemacht. Erhält eine nd-Form eine Erweiterung, so ist der -nd-Block eingeklammert ( ). Eine zusätzliche Klammer zeigt die inhaltliche Anbindung auf. In der rechten Spalte findest du Vokabelangaben und weitere Hilfen für die Übersetzung, die die über die Wiederholungswörter und die Wiederholungsgrammatik hinausgehen.

1 Befasse dich zunächst mit den grammatischen Erklärungen und dem Wortschatz am Ende dieser Trainingseinheit (→ S. 37).
2 Übersetze den Text.

Wortschatz

Wiederhole den Wortschatz. Falls dir einzelne Wörter beim Übersetzen Schwierigkeiten machen, kannst du sie hier in der Reihenfolge ihres Vorkommens im Text nachschlagen:

īgnārus, a, um *(m. Gen.)*	ohne Kenntnis, unwissend	ingenium	Begabung, Talent
opera	Arbeit, Mühe	probāre, probō	prüfen, beweisen, für gut befinden
igitur *Adv.*	also, folglich	ūtī, ūto, ūsus sum *m. Abl.*	benützen, gebrauchen
vīs, *Akk.* vim, *Abl.* vī *f*	Gewalt, Kraft, Menge	vindicāre, vindicō	beanspruchen, bestrafen
recēns, recentis	frisch, neu	ostendere, ostendō, ostendī	zeigen, erklären
reprehendere, reprehendō, reprehendī, reprehēnsum	kritisieren, wieder aufgreifen	melius est	es ist besser
modus	Art, Weise, Maß	potestās, potestātis *f*	(Amts-)Gewalt, Macht; Möglichkeit
idōneus, a, um	geeignet, passend	negōtium	Aufgabe, Geschäft; Angelegenheit
alere, alō, aluī, altum	ernähren, großziehen	praebēre, praebeō	geben, hinhalten

Grammatik

Die Übersetzung von nd-Formen

Es gibt zwei Arten von Formen mit dem Erkennungszeichen -nd-: das Gerundium, das als Substantiv gilt, und das Gerundivum, das als Adjektiv gilt und daher zu einem Bezugswort in KNG-Kongruenz steht.

Für die Übersetzung merke dir folgende Faustregel:

Es ist entscheidend zu sehen, ob die nd-Form in Verbindung mit esse vorliegt oder nicht. Sieh dir deshalb den Satz, in dem eine nd-Form vorkommt, genau an und prüfe, ob die nd-Form zusammen mit einer Form von esse das Prädikat bildet:

Fall 1:
Keine Form von esse in Sicht! Die nd-Form bietet eine Zusatzinformation.
Übersetze mit einem Substantiv oder Infinitiv.

Magister (fabulis narrandis) nos docet.

Der Lehrer lehrt uns durch das Erzählen von Geschichten.

Fall 2:
Eine Form von esse liegt vor! Die nd-Form gehört zum Prädikat.
Übersetze, indem du eine Notwendigkeit bzw. ein Verbot zum Ausdruck bringst.
Achte auf den Dativus auctoris und mache daraus im Deutschen das Subjekt.

Magistro fabulae Aesopis narrandae sunt.

Der Lehrer muss die Fabeln des Äsop erzählen.

Thema: Übersetzen von nd-Formen	**Campus A**	**Felix Neu**	**Prima Nova**
Analysieren und übersetzen	L 30, M 4	L 63, S; L 72, S; L 73, S	L 43, S1, S 2; L 44, S 1

Vokabelverzeichnis

Die folgende Auflistung bietet alle Vokabeln, die für die Arbeit mit diesem Heft benötigt werden, in alphabetischer Reihenfolge; Wörter, die über den Grundwortschatz von **adeo NORM** hinausgehen, sind farbig markiert.

ab, ā	*m. Abl.*	von, von her
abīre	abeō, abiī, abitum	weggehen
accendere	accendō, accendī, accēnsum	anfeuern, anzünden
accipere	accipiō, accēpī, acceptum	erhalten, erfahren
ācer	ācris, ācre	energisch, heftig, scharf
acerbus	a, um	bitter, grausam, rücksichtslos
adeō	*Adv.*	so sehr
adesse	adsum, adfui *(m. Dat.)*	1 da sein 2 helfen
adversus	*m. Akk.* *Adv.*	1 gegen 2 entgegen
aestus	aestūs *m*	Flut, Hitze
agere	agō, ēgī, āctum	handeln. treiben, verhandeln
alere	alō, aluī, altum	ernähren, großziehen
aliquis	aliquid	(irgend)jemand
alius	a, ud (*Gen.* alterīus, *Dat.* alterī)	ein anderer
alius ... alius		der eine ... der andere
altus	a, um	hoch, tief
amicus		Freund, politischer Anhänger
amor	amōris *m*	Liebe
animus		Geist, Gesinnung, Mut
annus		Jahr
ante	*m. Akk.* *Adv.*	1 vor 2 vorher
arbor	arboris *f*	Baum
arcessere	arcessō, arcessīvī, arcessītum	herbeirufen, holen
arcus	arcūs *m*	Bogen
ārdēre	ārdeō, ārsī, ārsūrum	brennen
at		aber, dagegen, doch
audīre	audiō, audīvī, audītum	hören
autem		aber, andererseits
bonus	a, um	gut
caecāre	caecō	blenden
caelum		Himmel
capere	capiō, cēpī, captum	fassen, nehmen; erobern
caput	capitis *n*	Hauptstadt, Kopf
carmen	carminis *n*	Gedicht, Lied
causa		Sache, Prozess, Ursache
cavēre	caveō, cāvī, cautum *(m. Akk.)*	sich hüten (vor) Vorsorge treffen
certus	a, um	sicher
cēteri	ae, a	die übrigen
circum	*m. Akk.*	rings um, um...umher
clāmor	clāmōris *m*	Geschrei, Lärm
classis	classis *f*	Abteilung, Flotte
cōgere	cōgō, coēgī, coāctum	(ver)sammeln, zwingen

colligere	colligō, collēgī, collēctum	sammeln
commovēre	commoveō, commōvī, commōtum	bewegen, veranlassen
commūnis	e	gemeinsam, allgemein
complēre	comlpeō, complēvī, complētum	anfüllen
cōnārī	cōnor, cōnātus sum	versuchen
condere	condō, condidī, conditum	verwahren, verbergen; erbauen, gründen
coniūnx	coniugis *m/f*	Gatte, Gattin
cōnsūmere	cōnsūmō, cōnsūmpsī, cōnsūmptum	verbrauchen, verwenden
continēre	contineō, continuī, contentum *(m. Abl.)*	1 festhalten 2 *Pass.* enthalten sein, beruhen (auf etw.)
convocāre	convocō	versammeln
cōpia		1 Menge, Möglichkeit, Vorrat 2 Pl. Truppen
corpus	corporis *n*	Körper, Leichnam
cum	*m. Abl.* *Subj. m. Ind.* *Subj. m. Konj.*	1 mit, zusammen mit 2 als (plötzlich), (zu der Zeit) als, (immer) wenn 3 als, nachdem; weil; obwohl; während (dagegen)
cupidus	a, um *(m. Gen)*	(be)gierig (nach)
cūr		warum
currere	currō, cucurrī, cursum	eilen, laufen
custōs	custōdis *m/f*	Wächter(in)
dare	dō, dedī, datum	geben
dea		Göttin
dēcernere	dēcernō, dēcrēvi, dēcrētum	beschließen, entscheiden
dēdere	dēdō, dēdidī, dēditum	ausliefern, übergeben
dēdūcere	dēdūcō, dēdūxī dēductum	hinführen, wegführen
deinde	*Adv.*	dann, darauf
dēlēre	dēleō, dēlēvi, dēlētum	zerstören, auslöschen
dēnique	*Adv.*	schließlich, zuletzt
dēsīderāre	dēsīderō *m. Akk.*	sich sehnen nach, vermissen
deus		Gott, Gottheit
dīcere	dīcō, dīxī, dictum *m. dopp. Akk.*	1 sagen, sprechen 2 (be)nennen
dīmittere	dīmittō, dīmīsī, dīmissum	aufgeben, entlassen
discēdere	discēdō, discessī, discessum	auseinandergehen, weggehen
discere	discō, didicī	lernen, erfahren
discipulus		Schüler
diu	*Adv.*	lange (Zeit)
dīversus	a, um	entgegengesetzt, feindlich, verschieden
docēre	doceō, docuī, doctum	lehren, unterrichten
dolus		List, Täuschung
domum		nach Hause, heim
domus	domūs *f*	Haus
dōnum		Geschenk
dūcere	dūcō, dūxī, ductum *m. dopp. Akk.*	1 führen, ziehen 2 halten für
dux	ducis *m/f*	Anführer(in)

efficere	efficiō, effēcī, effectum	herausheben, hervorbringen
ēgredī	ēgredior, ēgressus sum	herausgehen, verlassen
enim	*Adv.*	nämlich, in der Tat
equus		Pferd
ergō	*Adv.*	also, deshalb
errāre	errō	(sich) irren
esse	sum, fuī	sein, sich befinden
et		1 und 2 auch
ēvenīre	ēvenio, ēvēnī, ēventum	sich ereignen
ex / ē	*m. Abl.*	aus, von ...hier
excitāre	excitō	erregen, ermuntern, wecken
exemplum		Beispiel, Vorbild
exercēre	exerceō	üben, trainieren; quälen
exīre	exeō, exiī	herausgehen
extinguere	extinguō, extīnxī, extīnctum	auslöschen, vernichten
facilis	e	leicht (zu tun)
fallere	fallō, fefelliī	täuschen, betrügen
falsus	a, um	falsch
fidēs	fideī *f*	Glaube, Treue, Vertrauen, Zuverlässigkeit
fīlia		Tochter
fīlius		Sohn
fortis	e	kräftig, tapfer
fortūna		Glück, Schicksal
frūstrā	*Adv.*	vergeblich
gaudēre	gaudeō, gāvīsus sum	sich freuen
gaudium		Freude
habēre	habeō *m. dopp. Akk.*	1 haben, halten 2 halten (für)
hic	haec, hoc	dieser, diese, dieses (hier)
hodiē	*Adv.*	heute
homō	hominis *m*	Mensch
hortārī	hortor, hortātus sum	auffordern, ermahnen
hospes	hospitis *m*	Feind (Landesfeind)
hūmānitās	hūmānitātis *f*	Menschlichkeit, Menschenfreundlichkeit, Bildung
iacēre	iaceō	liegen
iam	*Adv.*	nun, schon
idōneus	a, um	geeignet, passend
igitur	*Adv.*	also, folglich
īgnārus	a, um	ohne Kenntnis, unwissend
īgnōrāre	īgnōrō	nicht kennen, nicht wissen
ille	illa, illud (*Gen.* illīus, *Dat.* illī)	jener, jene, jenes
imitāri	imitor, imitātus sum	nachahmen
immō	*Adv.*	im Gegenteil, ja sogar
imperium		Befehl, Befehlsgewalt, Herrschaft, Herrschaftsgebiet
impetrāre	impetrō	erreichen, durchsetzen

imprīmīs	*Adv.*	besonders, vor allem
in	*m. Abl.*	1 in, an, auf, bei (wo?)
	m. Akk.	2 in (...hinein), nach (...hin), gegen (wohin?)
incendere	incendō, incendī, incēnsum	entflammen, in Brand stecken
ingenium		Begabung, Talent
ingēns	ingentis	gewaltig, ungeheuer
inquit	inquam	sag(t)e er
īnspicere	īnspiciō, inspexī, inspectum	hineinblicken, nachsehen
īnstāre	īnstō, īnstitī	bevorstehen, hart zusetzen
īnstituere	īnstituō, īnstituī, īnstitūtum	beginnen, einrichten, unterrichten
īnstruere	īnstruō, īnstrūxī, īnstrūctum	aufstellen, ausrüsten, unterrichten
īnsula		Insel, Wohnblock
inter	*m. Akk.*	unter, während, zwischen
intereā	*Adv.*	inzwischen, unterdessen
interficere	interficiō, interfēcī, interfectum	töten, vernichten
interrogāre	interrogō	fragen
invītāre	invītō	einladen, bewirten
ipse	ipsa, ipsum	(er, sie, es) selbst
īra		Zorn
īrāscī	īrāscor *(m. Dat.)*	in Zorn geraten, zornig sein (gegen/über)
is	ea, id (*Gen.* eius, *Dat.* eī)	er, sie, es
iste	ista, istud (*Gen.* istīus, *Dat.* eī)	dieser (da)
ita	*Adv.*	so
itaque	*Adv.*	daher
iter	itineris *n*	Reise, Marsch, Weg
iterum	*Adv.*	wiederum
iubēre	iubeō, iussī, iussum *(m. Akk.)*	anordnen, befehlen
iuvāre	iuvō, iūvī	unterstützen, erfreuen
labor	labōris *m*	Anstrengung, Arbeit
labōrāre	labōrō *(m. Abl.)*	1 sich anstrengen, arbeiten 2 leiden (an)
laudāre	laudō	loben
lēgātio	lēgātiōnis *f*	Gesandtschaft
libēns	libentis	gern
liber	librī *m*	Buch
līberāre	līberō	befreien, freilassen
licentia		Freiheit, Willkür
lītus	lītoris *n*	Küste, Strand
locus	(*Pl.* loca, locorum)	Ort, Platz, Stelle
lūdere	lūdō, lūsī, lūsum	spielen; jdn. ärgern
lūdus	lūdī	Spiel; Schule
magister	magistrī *m*	Lehrer, Vorsteher
malus	a, um	schlecht, schlimm
manifestus	a, um	1 offenkundig 2 überführt
manus	manūs *f*	1 Hand 2 Schar (von Bewaffneten)
mare	maris *n*	Meer
meminisse *Perf.*	meminī *m. Gen./Akk.* *(m. AcI)*	1 sich erinnern an 2 daran denken

memoria		1 Erinnerung, Gedächtnis 2 Zeit
metuere	metuō, metuī	(sich) fürchten
mīles	mīlitis *m*	Soldat
minimus	a, um	der kleinste, der geringste
mittere	mittō, mīsī, missum	(los)lassen, schicken, werfen
modus		1 Art, Weise 2 Maß
moenia	moenium *Pl.*	(Stadt-)Mauern
mortuus	a, um	tot
multus	a, um	viel
mūtāre	mūtō	(ver)ändern, verwandeln
nam(que)		denn, nämlich
narrāre	narrō	erzählen
nātūra		Beschaffenheit, Natur, Wesen
nāvis	nāvis *f*	Schiff
nē	*im Hauptsatz* *Subj. m. Konj.*	1 nicht *(verneinter Befehl oder Wunsch)* 2 dass nicht, damit nicht 3 dass *(nach Ausdrücken des Fürchtens und Hinderns)*
nec/neque		und nicht, auch nicht, nicht einmal
necāre	necō	töten
neglegere	neglegō, neglēxi, neglēctum	nicht (be)achten, vernachlässigen
nēmō	nēminis/nūllīus	niemand
nisi	*Subj.*	1 wenn nicht 2 *nach Verneinung:* nur
nocturnus	a, um	nächtlich
nōlle	nōlō, nōluī	nicht wollen
non		nicht
nōnnūllī	ae, a	einige, manche
novem	*indekl.*	neun
nullus	a, um (*Gen.* nūllīus, *Dat.* nūllī)	kein
nūptiae	nūptiārum *Pl.*	Hochzeit
oculus		Auge
omnis	e	1 ganz, jeder 2 *Pl.* alle
opera		Arbeit, Mühe
oportet	oportuit	es gehört sich, es ist nötig
opprimere	opprimō, oppressī, oppressum	bedrohen, niederwerfen, unterdrücken
ops	opis *f*	1 Hilfe, Kraft 2 *Pl.* Macht, Mittel
ōrāre	ōrō	bitten
ōrnāre	ōrnō	Ausstatten, schmücken
ostendere	ostendō, ostendī	zeigen, erklären
parcere	parcō, pepercī *m. Dat.*	schonen, sparen
pārēre	pāreō, pāruī	gehorchen, sich richten nach
parvus	a, um	klein, gering
patī	patior, passus sum	(er)leiden, ertragen, zulassen
patria		Heimat

per	*m. Akk.*	durch, hindurch
perferre	perferō, pertulī, perlātum	(über)bringen, ertragen
perīculum		Gefahr
perīre	pereō, periī, peritūrum	umkommen, zugrunde gehen
permittere	permittō, permīsī, permissum	erlauben, überlassen
perpetuus	a, um	dauerhaft, ewig
perspicere	perspiciō, perspexī, perspectum	erkennen, genau betrachten, sehen
pervenīre	perveniō, pervēnī, perventum ad/in *m. Akk.*	kommen zu/nach
plūs	plūris	mehr
poēta	poētae *m*	Dichter
pollicērī	polliceor, pollicitus sum	versprechen
porcus	porcī *m*	Schwein
porta		Tor
posse	possum, potuī	können
posteā	*Adv.*	nachher, später
praebēre	praebeō	geben, hinhalten
praecipere	praecipiō, praecēpī, praeceptum	(be)lehren, vorschreiben
praeesse	praesum, praefuī *m. Dat.*	an der Spitz stehen, leiten
precārī	precor	bitten
prīmō	*Adv.*	zuerst
prīmum	*Adv.*	zuerst
prīnceps	prīncipis *m*	der Erste, der führende Mann
probāre	probō	beweisen, für gut befinden
proelium		Kampf, Schlacht
proficīscī	proficīscor, profectus sum	(ab)reisen, aufbrechen
prohibēre	prohibeō (ā *m. Abl.*)	abhalten (von), hindern (an)
prōpōnere	prōpōnō, prōposuī, prōpositum	darlegen, in Aussicht stellen
proximus	a, um	der nächste
puer	puerī *m*	Junge, Bub
pūgna		Kampf
pūgnāre	pūgnō	kämpfen
putāre	putō *m. dopp. Akk.*	1 glauben, meinen 2 halten für
quam		1 als, wie 2 *mit Superlativ:* möglichst
quamquam	*Subj. m. Ind.* *im Hauptsatz*	1 obwohl 2 freilich
-que		und
qui	quae, quod	1 welcher, welche, welches; der, die das 2 *relativer Satzanschluss* dieser, diese dieses
quīdam	quaedam, quoddam *Adj.*	ein gewisser, irgendeiner; *Pl.* einige
quiēscere	quiēscō, quiēvī, quiētum	(aus)ruhen, schlafen
quis		wer
quoque	*(nachgestellt)*	auch
recitāre	recitō	vorlesen, vortragen
rēctus	a, um	gerade, recht, richtig
redīre	redeō, rediī, reditum	zurückgehen, zurückkehren

referre	referō, rettulī, relātum	(zurück)bringen, berichten
regere	regō, rēxī, rēctum	beherrschen, leiten, lenken
rēgius	a, um	königlich
repellere	repellō, reppulī, repulsum	zurückstoßen, abweisen, vertreiben
reprehendere	reprehendō, reprehendī, reprehēnsum	kritisieren, wieder aufgreifen
rēs	reī *f*	Angelegenheit, Sache, Ding
rēx	rēgis *m*	König
rogāre	rogō	bitten, erbitten, fragen
sacerdōs	sacerdōtis *m/f*	Priester(in)
saepe	*Adv.*	oft
sagitta		Pfeil
satis	*Adv.*	genug
scīre	sciō, scīvī	kennen, verstehen, wissen
sed		aber, sondern
semper	*Adv.*	immer
servāre	servō (ā *m. Abl.*)	1 bewahren, retten (vor) 2 beobachten
sī	*Subj.*	1 falls, wenn 2 ob
sic	*Adv.*	so
sīgnum		1 Merkmal, Zeichen 2 Statue
sine	*m. Abl.*	ohne
sinister	sinistra, sinistrum	links, trügerisch, falsch
socius		Gefährte, Verbündeter
sōlus	a, um	allein, einzig
spatium		Raum, Strecke, Zeit(raum)
speciēs	speciēī *f*	Anblick, Aussehen, Schein
spēctāre	spēctō	1 betrachten, hinsehen 2 anstreben
studēre	studeō *(m. Dat.)*	1 sich (wissenschaftlich) beschäftigen 2 sich bemühen (um), streben nach
studium		Beschäftigung, Engagement, Interesse
subitō	*Adv.*	plötzlich
succēdere	succēdō, successī, successum	(nach)folgen, nachrücken
supplex	supplicis	demütig bittend
suscipere	suscipiō, suscēpī, susceptum *m. Akk.*	auf sich nehmen, sich (einer Sache) anneh-men, unternehmen
suspicārī	suspicor	vermuten
suus	a, um	ihr, sein
tamen		dennoch, jedoch
tandem	*im Aussagesatz* *im Fragesatz*	1 endlich 2 denn eigentlich
tantus	a, um	so groß, so viel
tempestās	tempestātis *f*	1 Sturm, (schlechtes) Wetter 2 Zeit
temptāre	temptō	angreifen; prüfen, versuchen
tempus	temporis *n*	(günstige) Zeit, Umstände
tendere	tendō, tetendī, tentum	sich anstrengen, spannen, (aus)strecken
tenēre	teneō, tenuī, tentum	besitzen, festhalten, halten

terrēre	terreō	erschrecken
timēre	timeō	Angst haben, fürchten
torquēre	torqueō, torsī, tortum	drehen, quälen, schleudern
trādere	trādō, trādidī, trāditum	übergeben, überliefern
trahere	trahō, trāxī, tractum	schleppen, ziehen
truncus		Baumstamm
tum	*Adv.*	da, damals, dann, darauf
turbāre	turbō	durcheinanderbringen, stören
turris	turris *f*	Turm
ubī 	 *Subj. m. Ind.*	1 wo 2 sobald
unda		Gewässer, Welle
ūnus	a, um (*Gen.* ūnīus, *Dat.* ūnī)	einer von
urbs	urbis *f*	Stadt, Hauptstadt
ut	*Adv.* *Subj. m. Ind.* *Subj. m. Konj.*	1 wie 2 sobald, sooft 3 dass, sodass, damit; angenommen dass, wenn auch
ūtī	ūtor, ūsus sum *m. Abl.*	benützen, gebrauchen
utinam		hoffentlich, wenn doch
uxor	uxōris *f*	Ehefrau
valēre	valeō	Einfluss haben, gesund sein, stark sein
velle	volō, voluī	wollen
venīre	veniō, vēnī, ventum	kommen
verbum		Wort, Äußerung
verēri	vereor, veritus sum	1 fürchten, sich scheuen 2 verehren
vērō	*Adv.*	1 in der Tat, wirklich 2 aber
vērus	a, um	echt, richtig, wahr
vestis	vestis *f*	1 Kleidung 2 Pl. Kleider
vetāre	vetō, vetuī, vetitum *m. Akk.*	verbieten
vīgintī	*indekl.*	zwanzig
vindicāre	vindicō in *m. Akk.*	1 beanspruchen, bestrafen 2 vorgehen gegen
vīnum		Wein
violāre	violō	entehren, verletzen
vir	virī *m*	Mann
virgō	virginis *f*	Mädchen
virtūs	virtūtis *f*	1 Tapferkeit, Tüchtigkeit, Vortrefflichkeit, Leistung 2 *Pl.* gute Eigenschaften, Verdienste
vīs	*Akk.* vim, *Abl.* vī; *Pl.* vīrēs, vīrium	1 Gewalt, Kraft, Menge 2 Streitkräfte
vītāre	vītō	meiden, vermeiden
vitium		Fehler, schlechte Eigenschaft
vīvere	vīvō, vīxī, vīctūrum	leben
vīvus	a, um	lebend, lebendig
vix	*Adv.*	kaum, (nur) mit Mühe

vocāre	vocō	(be)nennen, rufen
voluntās	voluntātis *f*	Absicht, Wille, Zustimmung
vōx	vōcis *f*	Stimme, Äußerung, Laut

Eigennamenverzeichnis

Achillēs, is *m*	Achill, Sohn des Peleus und der Thetis. Der stärkste der griechischen Helden fiel im Kampf um Troja durch einen von Apoll auf seine Ferse gelenkten Pfeil. Der Zorn des Achill bildet das Leitthema der Ilias.
Alcinous *m*	Alkinoos, mythologischer König der Phäaken. Er nahm den Schiffbrüchigen Odysseus auf und dieser erzählte ihm von seinen Irrfahrten. Mit einem Phäakenschiff ließ Alkinoos Odysseus in seine Heimat bringen.
Apollō, onis *m*	Apoll; Sohn des Jupiter und Bruder der Diana. Im Trojanischen Krieg griff er auf Seiten der Trojaner ein.
Atlās, antis *m*	Atlas; gehört zum Göttergeschlecht der Titanen; er trägt den Himmel.
Calypsō, ōnis *f*	Kalypso; Tochter des Atlas, die auf der Insel Ogygia wohnt.
Cyclops, ōpis *m*	meist *Pl.* Kyklopen (Zyklopen); die Söhne des Poseidon (Neptun) sind Riesen mit einem Auge auf der Stirn.
Diāna	Diana, Tochter des Jupiter und Zwillingsschwester des Apoll.
Graecus, a, um	griechisch, Grieche
Hector, oris *m*	Hektor, Sohn des Priamos; Anführer der Trojaner, der von Achill getötet wurde.
Homērus	Homer, größter epischer Dichter der Griechen; Herkunft unbekannt. Unter seinem Namen sind die beiden bedeutendsten griechischen Epen „Ilias" und „Odyssee" überliefert.
Ithaca	Ithaka, Heimatinsel des Odysseus.
Iūnō, ōnis *f*	Juno, Ehefrau des Jupiter.
Iuppiter, Iovis *m*	Jupiter; oberste Gottheit der Römer.
Mārs, Mārtis *m*	Mars, Kriegsgott und Stammvater des römischen Volkes.
Mercurius	Merkur, Sohn des Jupiter; Gott des Handels.
Minerva	Minerva, Tochter des Jupiter und Göttin und Schützerin aller Künste und Wissenschaften.
Nausicaa	Nausikaa, Prinzessin der Phäaken, die den Schiffbrüchigen Odysseus fand.
Neptūnus	Neptun, Gott des Meeres und Bruder des Jupiter.
Olympus	Olymp; Sitz der Götter.
Pēnelopa	Penelope, Ehefrau des Odysseus und Mutter des Telemach.
Phaeāces, um *m Pl.*	die Phäaken; mythologisches Seefahrervolk mit Alkinoos als König.
Polyphēmus	Polyphem, einer der Kyklopen; nach Homer nahm er Odysseus auf seiner Irrfahrt auf und fraß mehrere seiner Gefährten. Erst durch die Blendung des Polyphem konnten Odysseus und seine Leute dem Kyklopen entfliehen.
Priamus	Priamos, Vater des Hektor und Paris. König von Troja zur Zeit des Trojanischen Krieges.
Tēlemachus, ī	Telemach, Sohn des Odysseus; bei dessen Rückkehr half er seinem Vater im Kampf gegen die Freier der Penelope.
Trōia	Troja, Stadt im Nordwesten Kleinasiens (heutige Türkei) und Schauplatz des vor allem in der Ilias geschilderten Trojanischen Krieges, wobei Troja im zehnten Jahr durch List erobert und zerstört wurde.
Trōiānus	trojanisch, Trojaner
Ulixēs, is *m*	Odysseus, König von Ithaka; er riet zum Bau des hölzernen Pferdes, wodurch Troja nach zehn Jahren erobert werden konnte. Nach der Eroberung irrte er nochmals zehn Jahre über die Meere, bevor er in seine Heimat zurückkehrte.
Venus, eris *f*	Venus, Göttin der Liebe; im Zusammenhang mit Äneas, der als Sohn der Venus galt, wurde sie zur Stammmutter der Römer.

Stellenangaben

(adaptiert und teilweise stark gekürzt)

Einheit 5 (Von Lehrern und Schülern): Quint. inst. 1, 3, 1-12; 2, 2, 5-8
Einheit 6 (Hitzefrei): Erasmus Coll. fam. 645D-646A
Einheit 7 (Seid ihr vorbereitet / Hausaufgaben gemacht?): Erasmus Coll. fam. 654A-C
Einheit 8 (Moderne Pädagogik): Quint. inst. I 3,6-17

Bildnachweis

Archiv für Kunst und Geschichte / Bildarchiv Steffens, Berlin – S. 30; Archiv für Kunst und Geschichte / De Agostini Pic. Lib. – S. 6; Archiv für Kunst und Geschichte / Jean Paul Dumontier – S. 35; Archiv für Kunst und Geschichte / Erich Lessing – S. 22, 23; Bibliothéque Nationale de France, Paris – S. 34; Bildarchiv Cinetext, Frankfurt – S. 7; Preußischer Kulturbesitz / Scala, Berlin – S. 10; www.wikimedia.org / Jastrow – S. 18; www.wikimedia.org / Vassil – S. 14.

VORKURS LEKTÜRE
ZUR DIFFERENZIERTEN WIEDERHOLUNG WICHTIGER GRAMMATIKPHÄNOMENE

LÖSUNGEN

C.C.BUCHNER

Trainingseinheit 2: AcI

Niveau B

2 te cavere: Inf. Präs. Akt. (gz); Polyphemum ... habere: Inf. Präs. Akt. (gz); Polyphemum ... vivere: Inf. Präs. Akt. (gz); Cyclopem ... necaturum esse: Inf. Fut. Akt. (nz); se ... vocari: Inf. Präs. Pass. (gz); se ... vocari: Inf. Präs. Pass. (gz); verba .. sinistra esse: Inf. Präs. Akt. (gz); eum ... usum esse: Inf. Perf. Deponens (vz)

Trainingseinheit 3: Participium coniunctum (PC)

Niveau B

2 a) capta: PPP (vz); desideranti: PPA (gz); temptantem: PPA (gz); commotus: PPP (vz); iactantes: PPA (gz);

2 b) ex omnibus periculis maris *servatus*: PPP (vz); sine vestibus ad litus *quiescentem*: PPA (gz); *excitatus*: PPP (vz); a Minerva dea bono animo *instructa*: PPP (vz); in Ithacam patriam *rediturum*: PFA (nz)

Trainingseinheit 4: Ablativus absolutus (Abl. abs.)

Niveau B

2 Ulixe ... *pugnante*: *PPA* (gz); quibus ... *consumentibus*: *PPA* (gz); Penelopa *ignorante*: *PPA* (gz); specie *mutata*: *PPP* (vz); dea *iuvante*: *PPA* (gz); procis ... *repulsis*: *PPP* (vz); Ulixe mortuo: Sonderform: nominaler Abl. abs. (vz oder gz)

Niveau C

PC: eum ... *instructum*: *PPP* (vz + Passiv); Abl. abs.: specie *mutata*: *PPP* (vz + Passiv); dea *iuvante*: *PPA* (gz + Aktiv); procis ... *repulsis*: *PPP* (vz + Passiv)

Musterübersetzungen

Trainingseinheit 1

Neun Jahre (lang) hatten die Griechen bereits vergeblich gegen die Trojaner gekämpft. Da rief Achill die Truppen zusammen, um allen Mut zu machen (wörtl.: den Mut aller anzufeuern). Hektor aber, der führende Mann der Trojaner, forderte seine Leute auf, äußerst heftig gegen die Griechen zu kämpfen. Jupiter selbst, der König der Götter und der Menschen, hielt die Göttinnen und Götter nicht mehr von der Schlacht ab. Und so (deshalb) waren Venus, Diana, Apoll und Mars die Verbündeten der Trojaner, während Juno, Minerva, Neptun und Merkur die Griechen unterstützten. Jupiter betrachtete vom Olymp aus den Kampf.
Obwohl Achill die Trojaner heftig bedroht, Hektor getötet und seinen Leichnam um die Stadtmauern geschleift hatte, verboten ihm die Götter, Troja zu erobern. Apoll persönlich tötete ihn mit einem Pfeil.
Schließlich gebrauchte Odysseus eine List. Er versteckte starke Männer, wie Minerva es vorgeschrieben hatte, in einem hölzernen Pferd und schrieb „Minerva als Geschenk“ auf das Pferd, damit die Trojaner es in ihre Stadt zögen. Tatsächlich befahl Priamus, dass das Pferd in die Burg der Minerva gezogen wurde, weil er glaubte, dass die Griechen in ihre Heimat fortgesegelt (weggegangen) seien.
Als die Trojaner nachts schliefen, kamen (gingen) die Soldaten aus dem Pferd heraus, töteten die Wächter der Stadttore und holten ihre Gefährten in die Stadt. So wurde Troja erobert.

Trainingseinheit 2

Nachdem die Griechen die Häuser der Trojaner in Brand gesteckt und die hohen Türme zerstört hatten, beschlossen sie, in die Heimat zurückzukehren.
Die Flotte des Odysseus aber wurde von Stürmen über die Meere hin- und hergeschleudert. Endlich freute sich Odysseus, dass er zu einer (gewissen) Insel gekommen war. Diese gehörte dem Zyklopen Polyphem, Neptuns Sohn. Diesem war von einem Priester in Aussicht gestellt worden: „Du musst dich davor hüten, von Odysseus geblendet zu werden.“
Homer hat überliefert, dass Polyphem nur ein Auge hatte und nur von Fleisch lebte. Die Gefährten des Odysseus glaubten, dass der Zyklop auch sie töten werde. Aber Odysseus füllte ihn mit Wein ab (an) und sagte, dass er „Niemand“ heiße. Dann löschte er mit einem brennenden Baumstamm das Auge des Polyphem aus.
Da er von Schmerz gequält wurde, rief Polyphem die übrigen Zyklopen herbei: „Kommt, Freunde“, sagte er, „Niemand“ setzt mir hart zu.“
Jene hörten freilich, dass sie von Polyphem gerufen wurden, aber sie beachteten sein Geschrei nicht, während sie untereinander sagten: „Hütet euch vor Polyphem! Dass seine Worte böswillig sind, ist offensichtlich. Wir wissen, dass er oft gegen uns eine List gebraucht hat.“

Trainingseinheit 3

Odysseus, der lange über die Meere irrte, kam schließlich zu der Insel, wo Kalypso wohnte, die Tochter des Atlas. Da sie zu sehr verliebt war, wollte sie ihn nicht fortlassen. Endlich gehorchte Kalypso dem Befehl Jupiters und gab dem Mann ein Schiff, weil er sich nach seiner Frau und seiner Heimat sehnte.
Während seiner Reise hatte Odysseus Polyphem, einen Sohn Neptuns, der versucht hatte, ihn und seine Gefährten zu töten, mit einer List getäuscht. Deshalb schickte Neptun persönlich, weil er zornig war, hohe Wellen, die Odysseus' Schiff mit gewaltiger Kraft hin- und herschleuderten.
Aber der griechische Führer kam nicht um, sondern kam, nachdem er aus allen Gefahren des Meeres gerettet worden war, zur Insel der Phäaken. Während jener ohne Kleider am Strand schlief, weckte ihn plötzlich Geschrei von Mädchen. Nachdem er aufgeweckt worden war, versteckte er sich zuerst an einem Baum, um die Mädchen nicht zu erschrecken. Dann kam er dennoch hervor. Da half ihm Nausikaa, die Tochter des Königs Alkinous, weil sie von Minerva mit einer guten Einstellung (wörtl.: Gesinnung) ausgestattet worden war, und führte ihn mit sich nach Hause. Alkinous nahm Odysseus gern als Gast auf. Später stattete er den Mann mit Geschenken aus, der bald in seine Heimat Ithaka zurückkehren wollte.

Trainingseinheit 4

Nachdem sie zwanzig Jahre lang die Treue bewahrt hatte, stellte Penelope endlich den Freiern die Hochzeit in Aussicht, wenn einer den Bogen ihres Mannes Odysseus spannen könne. Denn während Odysseus vor Troja kämpfte, waren viele Männer in sein Haus gekommen, um Penelope, seine Frau, zu heiraten und die Herrschaft über Ithaka zu erlangen (erhalten). Da diese den Reichtum des Königs verbrauchten, war Ithaka nicht mehr in gutem Zustand (stark).
Unterdessen aber war Odysseus, ohne dass Penelope davon wusste, in seine Heimat zurückgekehrt. Denn Alkinous, der König der Phäaken, hatte befohlen, ihn mit vielen Geschenken ausgerüstet (nachdem er ... ausgestattet worden war) in die Heimat wegzuführen.
So geschah es, dass Odysseus, nachdem sein Aussehen verändert worden war – denn die Göttin Minerva hatte sein Aussehen verändert –, als einziger den Bogen spannen und mit Hilfe der Göttin seine Frau aus den Händen der Freier befreien konnte.
Nachdem die Freier von Odysseus vertrieben worden waren, war Ithaka wiederum in gutem Zustand. Als Odysseus tot war, rückte sein Sohn Telemachos an seine Stelle nach.

Trainingseinheit 5

Ein Lehrer, der im Unterrichten erfahren ist, wird besonders die Begabung und das Wesen derjenigen genau betrachten, die er zum Unterrichten aufgenommen (angenommen) hat. Bei kleinen Kindern ist ein Zeichen für Begabung vor allem das Gedächtnis. Sein Vorzug (Leistung) ist doppelt, erstens die Leistung, leicht zu begreifen, zweitens die Leistung, gut zu behalten. Das nächste Zeichen für Begabung ist die Leistung nachzuahmen.
Während der Arbeit soll den Schülern eine (gewisse Zeit der) Pause gegeben werden, nicht nur, weil es keine Sache (nichts) gibt, die (was) andauernde Anstrengung ertragen könnte, sondern weil das Bestreben (Engagement) zu lernen auf dem Willen beruht, der nicht (er)zwungen werden kann. Deshalb bringen erfrischte Schüler mehr Kraft (Pl.) zum Lernen mit.
Der Lehrer selbst soll Fehler weder haben noch dulden! Er soll beim Unterrichten gut verständlich sein; beim Loben soll er weder knauserig noch überschwänglich sein, weil die eine Sache Hass auf die Anstrengung, die andere Sorglosigkeit hervorruft (erzeugt / auch soll er nicht grausam sein, wenn er jemanden kritisiert); denn dies hält viele von ihren Studien (Bemühungen) ab.
Der Lehrer selbst soll viele Dinge sagen, die die Schüler mit sich mit nach Hause nehmen können. Obwohl er genug Beispiele zur Nachahmung aus Büchern gibt, bewirkt dennoch jene lebendige Stimme des Lehrers mehr.

Trainingseinheit 6

P: Schon lange laden sowohl der Geist als auch der Himmel zum Spielen ein, aber einzig der Lehrer lädt nicht ein. Ach wenn er uns doch zu spielen erlauben würde (erlaubte)!
C: Also lasst uns Andreas schicken! Dieser soll den Lehrer bitten, dass er es uns erlaubt!
P: Was? Leichter könntest du die Keule aus der Hand des Herkules ziehen (zögest) als von diesem die Erlaubnis zu spielen. Ich fürchte, dass er zornig wird (in Zorn gerät).

C: Aber niemand hatte einst mehr Lust (war ... begieriger) zu spielen als jener, wie einige vermuten.
P: So ist es, aber der Lehrer erinnert sich nicht mehr, dass auch er ein Junge gewesen ist.
C: Mit Fortunas Hilfe könnte Andreas, indem er demütig bittet und viel verspricht, es erreichen, dass der Lehrer uns nach Hause schickt (entlässt).
P: Also soll er es versuchen! – Andreas, wirst du dich dieser Gesandtschaft annehmen?
A: Ich werde es versuchen. – Sei gegrüßt, mein Lehrer!
M: Sag, was du willst, Junge! Bist du krank (Leidest du an einer Krankheit)?
A: Überhaupt nicht. Aber heute quält uns alle die Hitze. Diese ertragen wir nicht mehr.
M: Tatsächlich!
A: Da uns die Hitze quält, will deine ganze Schülerschar heute nicht studieren (sich wissenschaftlich beschäftigen). Wir bitten darum, dass du uns die Erlaubnis gibst, zu spielen. Wir versprechen, dass wir morgen mehr Mühe auf das Studieren verwenden (setzen) werden.
M: Wer wird versprechen, dass dies (so) sein wird?
A: Ich – unter Gefahr für mein Leben!
M: Vielmehr unter Gefahr für deinen Hintern! – Die Schüler sollen also spielen und nach draußen gehen, um zu spielen!

Trainingseinheit 7

A: Warum rennst (läufst) du so, Peter?
P: Weil es um mich geschehen ist, wenn ich nicht rechtzeitig komme.
A: In dieser Sache brauchst du nichts zu fürchten. Betrachte die Uhr!
P: Ich habe kaum Vertrauen in Uhren; sie sagen nicht immer die Wahrheit. Aber wir müssen andere Dinge fürchten. Wir müssen nämlich ein Gedicht des Dichters Horaz auswendig (aus dem Gedächtnis) vortragen. Dies kann ich sicher nicht (tun).
A: Du erzählst von einer Gefahr für uns alle (gemeinsamen). Denn auch ich selbst habe die Verse nicht im Gedächtnis, die uns der Lehrer zum Lernen gegeben hat.
P: Daher müssen wir uns vor dem Lehrer hüten. Nicht mehr (ver)schont er unsere Hintern als wenn es Rindsleder wäre.
A: Aber er wird nicht in der Schule sein.
P: Wem hat er seine Schüler zum Unterrichten anvertraut (übergeben)?
A: Seinem Sklaven.
P: Dessen Stock muss man <noch> mehr ausweichen (meiden). Was also ist zu tun?
A: Lasst uns das Gedicht mit gegenseitiger Hilfe aufsagen (indem der eine von uns vorträgt, der andere in das Buch schaut)! Aber hoffentlich bist du geistesgegenwärtig!
P: Ich wäre es gern (wollte/würde wollen), wenn keine Gefahr wäre.
A: Dies ist nicht zu leugnen; dennoch geht es nicht um den Kopf, sondern um den entgegengesetzten Körperteil.

Trainingseinheit 8

Ein Lehrer, der Kinder zum dauerhaften Studieren zwingt (sich dauerhaft wissenschaftlich zu betätigen), ist ohne Kenntnis vom Unterrichten. Denn Kinder können sich nicht immer darum bemühen, das Gedächtnis zu trainieren. Daher gibt ein guter Lehrer seinen Schülern eine gewisse Zeit, um frische Kräfte zu sammeln. Und er kritisiert die Scherze der Kinder nicht; sie sind nämlich Zeichen von Begabung. Dennoch muss beim Spaßmachen Maß gehalten (bewahrt) werden! Einige Spiele sind auch geeignet, die Begabungen der Kinder zu fördern (wörtl.: ernähren), wenn Schüler (miteinander) wetteifern, indem sie ihre Mitschüler befragen.
Die Schüler dürfen aber nicht verletzt werden, obwohl dies von vielen für gut befunden wird; denn indem du Kinder schlägst, wirst du nichts bewirken, weil Lerneifer auf Willen beruht, der nicht erzwungen werden kann.
Lasst uns daher beim Unterrichten der Kinder Menschlichkeit gebrauchen und lasst uns sie lehren, nicht indem wir bestrafen, sondern indem wir zeigen, was falsch und was richtig ist! Besser ist es, ihnen die Möglichkeit zu geben, sich zu freuen, als sie zu erschrecken. Auf diese Weise nämlich machen wir diejenigen, die wir besser machen wollen, schlechter, weil wir für sie ein sehr schlechtes Beispiel (von sehr schlechtem Beispiel) sind.

Trainingseinheit 3

Odysseus, der lange über die Meere irrte, kam schließlich zu der Insel, wo Kalypso wohnte, die Tochter des Atlas. Da sie zu sehr verliebt war, wollte sie ihn nicht fortlassen. Endlich gehorchte Kalypso dem Befehl Jupiters und gab dem Mann ein Schiff, weil er sich nach seiner Frau und seiner Heimat sehnte.
Während seiner Reise hatte Odysseus Polyphem, einen Sohn Neptuns, der versucht hatte, ihn und seine Gefährten zu töten, mit einer List getäuscht. Deshalb schickte Neptun persönlich, weil er zornig war, hohe Wellen, die Odysseus' Schiff mit gewaltiger Kraft hin- und herschleuderten.
Aber der griechische Führer kam nicht um, sondern kam, nachdem er aus allen Gefahren des Meeres gerettet worden war, zur Insel der Phäaken. Während jener ohne Kleider am Strand schlief, weckte ihn plötzlich Geschrei von Mädchen. Nachdem er aufgeweckt worden war, versteckte er sich zuerst an einem Baum, um die Mädchen nicht zu erschrecken. Dann kam er dennoch hervor. Da half ihm Nausikaa, die Tochter des Königs Alkinous, weil sie von Minerva mit einer guten Einstellung (wörtl.: Gesinnung) ausgestattet worden war, und führte ihn mit sich nach Hause. Alkinous nahm Odysseus gern als Gast auf. Später stattete er den Mann mit Geschenken aus, der bald in seine Heimat Ithaka zurückkehren wollte.

Trainingseinheit 4

Nachdem sie zwanzig Jahre lang die Treue bewahrt hatte, stellte Penelope endlich den Freiern die Hochzeit in Aussicht, wenn einer den Bogen ihres Mannes Odysseus spannen könne. Denn während Odysseus vor Troja kämpfte, waren viele Männer in sein Haus gekommen, um Penelope, seine Frau, zu heiraten und die Herrschaft über Ithaka zu erlangen (erhalten). Da diese den Reichtum des Königs verbrauchten, war Ithaka nicht mehr in gutem Zustand (stark).
Unterdessen aber war Odysseus, ohne dass Penelope davon wusste, in seine Heimat zurückgekehrt. Denn Alkinous, der König der Phäaken, hatte befohlen, ihn mit vielen Geschenken ausgerüstet (nachdem er ... ausgestattet worden war) in die Heimat wegzuführen.
So geschah es, dass Odysseus, nachdem sein Aussehen verändert worden war – denn die Göttin Minerva hatte sein Aussehen verändert –, als einziger den Bogen spannen und mit Hilfe der Göttin seine Frau aus den Händen der Freier befreien konnte.
Nachdem die Freier von Odysseus vertrieben worden waren, war Ithaka wiederum in gutem Zustand. Als Odysseus tot war, rückte sein Sohn Telemachos an seine Stelle nach.

Trainingseinheit 5

Ein Lehrer, der im Unterrichten erfahren ist, wird besonders die Begabung und das Wesen derjenigen genau betrachten, die er zum Unterrichten aufgenommen (angenommen) hat. Bei kleinen Kindern ist ein Zeichen für Begabung vor allem das Gedächtnis. Sein Vorzug (Leistung) ist doppelt, erstens die Leistung, leicht zu begreifen, zweitens die Leistung, gut zu behalten. Das nächste Zeichen für Begabung ist die Leistung nachzuahmen.
Während der Arbeit soll den Schülern eine (gewisse Zeit der) Pause gegeben werden, nicht nur, weil es keine Sache (nichts) gibt, die (was) andauernde Anstrengung ertragen könnte, sondern weil das Bestreben (Engagement) zu lernen auf dem Willen beruht, der nicht (er)zwungen werden kann. Deshalb bringen erfrischte Schüler mehr Kraft (Pl.) zum Lernen mit.
Der Lehrer selbst soll Fehler weder haben noch dulden! Er soll beim Unterrichten gut verständlich sein; beim Loben soll er weder knauserig noch überschwänglich sein, weil die eine Sache Hass auf die Anstrengung, die andere Sorglosigkeit hervorruft (erzeugt / auch soll er nicht grausam sein, wenn er jemanden kritisiert); denn dies hält viele von ihren Studien (Bemühungen) ab.
Der Lehrer selbst soll viele Dinge sagen, die die Schüler mit sich mit nach Hause nehmen können. Obwohl er genug Beispiele zur Nachahmung aus Büchern gibt, bewirkt dennoch jene lebendige Stimme des Lehrers mehr.

Trainingseinheit 6

P: Schon lange laden sowohl der Geist als auch der Himmel zum Spielen ein, aber einzig der Lehrer lädt nicht ein. Ach wenn er uns doch zu spielen erlauben würde (erlaubte)!
C: Also lasst uns Andreas schicken! Dieser soll den Lehrer bitten, dass er es uns erlaubt!
P: Was? Leichter könntest du die Keule aus der Hand des Herkules ziehen (zögest) als von diesem die Erlaubnis zu spielen. Ich fürchte, dass er zornig wird (in Zorn gerät).

C: Aber niemand hatte einst mehr Lust (war ... begieriger) zu spielen als jener, wie einige vermuten.
P: So ist es, aber der Lehrer erinnert sich nicht mehr, dass auch er ein Junge gewesen ist.
C: Mit Fortunas Hilfe könnte Andreas, indem er demütig bittet und viel verspricht, es erreichen, dass der Lehrer uns nach Hause schickt (entlässt).
P: Also soll er es versuchen! – Andreas, wirst du dich dieser Gesandtschaft annehmen?
A: Ich werde es versuchen. – Sei gegrüßt, mein Lehrer!
M: Sag, was du willst, Junge! Bist du krank (Leidest du an einer Krankheit)?
A: Überhaupt nicht. Aber heute quält uns alle die Hitze. Diese ertragen wir nicht mehr.
M: Tatsächlich!
A: Da uns die Hitze quält, will deine ganze Schülerschar heute nicht studieren (sich wissenschaftlich beschäftigen). Wir bitten darum, dass du uns die Erlaubnis gibst, zu spielen. Wir versprechen, dass wir morgen mehr Mühe auf das Studieren verwenden (setzen) werden.
M: Wer wird versprechen, dass dies (so) sein wird?
A: Ich – unter Gefahr für mein Leben!
M: Vielmehr unter Gefahr für deinen Hintern! – Die Schüler sollen also spielen und nach draußen gehen, um zu spielen!

Trainingseinheit 7

A: Warum rennst (läufst) du so, Peter?
P: Weil es um mich geschehen ist, wenn ich nicht rechtzeitig komme.
A: In dieser Sache brauchst du nichts zu fürchten. Betrachte die Uhr!
P: Ich habe kaum Vertrauen in Uhren; sie sagen nicht immer die Wahrheit. Aber wir müssen andere Dinge fürchten. Wir müssen nämlich ein Gedicht des Dichters Horaz auswendig (aus dem Gedächtnis) vortragen. Dies kann ich sicher nicht (tun).
A: Du erzählst von einer Gefahr für uns alle (gemeinsamen). Denn auch ich selbst habe die Verse nicht im Gedächtnis, die uns der Lehrer zum Lernen gegeben hat.
P: Daher müssen wir uns vor dem Lehrer hüten. Nicht mehr (ver)schont er unsere Hintern als wenn es Rindsleder wäre.
A: Aber er wird nicht in der Schule sein.
P: Wem hat er seine Schüler zum Unterrichten anvertraut (übergeben)?
A: Seinem Sklaven.
P: Dessen Stock muss man <noch> mehr ausweichen (meiden). Was also ist zu tun?
A: Lasst uns das Gedicht mit gegenseitiger Hilfe aufsagen (indem der eine von uns vorträgt, der andere in das Buch schaut)! Aber hoffentlich bist du geistesgegenwärtig!
P: Ich wäre es gern (wollte/würde wollen), wenn keine Gefahr wäre.
A: Dies ist nicht zu leugnen; dennoch geht es nicht um den Kopf, sondern um den entgegengesetzten Körperteil.

Trainingseinheit 8

Ein Lehrer, der Kinder zum dauerhaften Studieren zwingt (sich dauerhaft wissenschaftlich zu betätigen), ist ohne Kenntnis vom Unterrichten. Denn Kinder können sich nicht immer darum bemühen, das Gedächtnis zu trainieren. Daher gibt ein guter Lehrer seinen Schülern eine gewisse Zeit, um frische Kräfte zu sammeln. Und er kritisiert die Scherze der Kinder nicht; sie sind nämlich Zeichen von Begabung. Dennoch muss beim Spaßmachen Maß gehalten (bewahrt) werden! Einige Spiele sind auch geeignet, die Begabungen der Kinder zu fördern (wörtl.: ernähren), wenn Schüler (miteinander) wetteifern, indem sie ihre Mitschüler befragen.
Die Schüler dürfen aber nicht verletzt werden, obwohl dies von vielen für gut befunden wird; denn indem du Kinder schlägst, wirst du nichts bewirken, weil Lerneifer auf Willen beruht, der nicht erzwungen werden kann.
Lasst uns daher beim Unterrichten der Kinder Menschlichkeit gebrauchen und lasst uns sie lehren, nicht indem wir bestrafen, sondern indem wir zeigen, was falsch und was richtig ist! Besser ist es, ihnen die Möglichkeit zu geben, sich zu freuen, als sie zu erschrecken. Auf diese Weise nämlich machen wir diejenigen, die wir besser machen wollen, schlechter, weil wir für sie ein sehr schlechtes Beispiel (von sehr schlechtem Beispiel) sind.

VORKURS LEKTÜRE
ZUR DIFFERENZIERTEN WIEDERHOLUNG WICHTIGER GRAMMATIKPHÄNOMENE

LÖSUNGEN

C.C.BUCHNER

Trainingseinheit 2: AcI

Niveau B

2 te cavere: Inf. Präs. Akt. (gz); Polyphemum ... habere: Inf. Präs. Akt. (gz); Polyphemum ... vivere: Inf. Präs. Akt. (gz); Cyclopem ... necaturum esse: Inf. Fut. Akt. (nz); se ... vocari: Inf. Präs. Pass. (gz); se ... vocari: Inf. Präs. Pass. (gz); verba .. sinistra esse: Inf. Präs. Akt. (gz); eum ... usum esse: Inf. Perf. Deponens (vz)

Trainingseinheit 3: Participium coniunctum (PC)

Niveau B

2 a) capta: PPP (vz); desideranti: PPA (gz); temptantem: PPA (gz); commotus: PPP (vz); iactantes: PPA (gz);

2 b) ex omnibus periculis maris *servatus*: PPP (vz); sine vestibus ad litus *quiescentem*: PPA (gz); *excitatus*: PPP (vz); a Minerva dea bono animo *instructa*: PPP (vz); in Ithacam patriam *rediturum*: PFA (nz)

Trainingseinheit 4: Ablativus absolutus (Abl. abs.)

Niveau B

2 Ulixe ... *pugnante*: *PPA* (gz); quibus ... *consumentibus*: *PPA* (gz); Penelopa *ignorante*: *PPA* (gz); specie *mutata*: *PPP* (vz); dea *iuvante*: *PPA* (gz); procis ... *repulsis*: *PPP* (vz); Ulixe mortuo: Sonderform: nominaler Abl. abs. (vz oder gz)

Niveau C

PC: eum ... *instructum*: *PPP* (vz + Passiv); Abl. abs.: specie *mutata*: *PPP* (vz + Passiv); dea *iuvante*: *PPA* (gz + Aktiv); procis ... *repulsis*: *PPP* (vz + Passiv)

Musterübersetzungen

Trainingseinheit 1

Neun Jahre (lang) hatten die Griechen bereits vergeblich gegen die Trojaner gekämpft. Da rief Achill die Truppen zusammen, um allen Mut zu machen (wörtl.: den Mut aller anzufeuern). Hektor aber, der führende Mann der Trojaner, forderte seine Leute auf, äußerst heftig gegen die Griechen zu kämpfen. Jupiter selbst, der König der Götter und der Menschen, hielt die Göttinnen und Götter nicht mehr von der Schlacht ab. Und so (deshalb) waren Venus, Diana, Apoll und Mars die Verbündeten der Trojaner, während Juno, Minerva, Neptun und Merkur die Griechen unterstützten. Jupiter betrachtete vom Olymp aus den Kampf.

Obwohl Achill die Trojaner heftig bedroht, Hektor getötet und seinen Leichnam um die Stadtmauern geschleift hatte, verboten ihm die Götter, Troja zu erobern. Apoll persönlich tötete ihn mit einem Pfeil. Schließlich gebrauchte Odysseus eine List. Er versteckte starke Männer, wie Minerva es vorgeschrieben hatte, in einem hölzernen Pferd und schrieb „Minerva als Geschenk" auf das Pferd, damit die Trojaner es in ihre Stadt zögen. Tatsächlich befahl Priamus, dass das Pferd in die Burg der Minerva gezogen wurde, weil er glaubte, dass die Griechen in ihre Heimat fortgesegelt (weggegangen) seien.

Als die Trojaner nachts schliefen, kamen (gingen) die Soldaten aus dem Pferd heraus, töteten die Wächter der Stadttore und holten ihre Gefährten in die Stadt. So wurde Troja erobert.

Trainingseinheit 2

Nachdem die Griechen die Häuser der Trojaner in Brand gesteckt und die hohen Türme zerstört hatten, beschlossen sie, in die Heimat zurückzukehren.

Die Flotte des Odysseus aber wurde von Stürmen über die Meere hin- und hergeschleudert. Endlich freute sich Odysseus, dass er zu einer (gewissen) Insel gekommen war. Diese gehörte dem Zyklopen Polyphem, Neptuns Sohn. Diesem war von einem Priester in Aussicht gestellt worden: „Du musst dich davor hüten, von Odysseus geblendet zu werden."

Homer hat überliefert, dass Polyphem nur ein Auge hatte und nur von Fleisch lebte. Die Gefährten des Odysseus glaubten, dass der Zyklop auch sie töten werde. Aber Odysseus füllte ihn mit Wein ab (an) und sagte, dass er „Niemand" heiße. Dann löschte er mit einem brennenden Baumstamm das Auge des Polyphem aus.

Da er von Schmerz gequält wurde, rief Polyphem die übrigen Zyklopen herbei: „Kommt, Freunde", sagte er, „Niemand" setzt mir hart zu."

Jene hörten freilich, dass sie von Polyphem gerufen wurden, aber sie beachteten sein Geschrei nicht, während sie untereinander sagten: „Hütet euch vor Polyphem! Dass seine Worte böswillig sind, ist offensichtlich. Wir wissen, dass er oft gegen uns eine List gebraucht hat."

Mit den hier angegebenen Lösungen kannst du deine Ergebnisse kontrollieren. Führe diese Kontrolle sorgfältig durch, verbessere Fehler und übe Dinge, bei denen du nicht sicher warst. Lösungswörter werden in der Regel entsprechend dem Zeilenverlauf aufgeführt.
Zwei Erläuterungen zu den Übersetzungen:
( ) kennzeichnet Übersetzungsmöglichkeiten zur Wahl; z. B. in Übung 1.3, Satz 6 kann man übersetzen: „... ist keine Stille" oder „... herrscht keine Stille".
[ ] kennzeichnet Wörter, für die im Lateinischen keine Vokabel dasteht, die wir aber im Deutschen hinzufügen müssen, damit es sprachlich richtig klingt; z. B. in Übung 2.2, Satz 5 soll man übersetzen „... warten gefällt [ihr] nicht", auch wenn für „ihr" kein Wort im Lateinischen steht.

Lektionsteil

1 **1** Substantiv: Hauptwort – Genus: Geschlecht – Subjekt: Satzgegenstand – maskulin: männlich – Singular: Einzahl – Verb: Tätigkeitswort – neutrum: sächlich – Prädikat: Satzaussage – Infinitiv: Grundform – feminin: weiblich
2 1. ardere – 2. cur – 3. amica – 4. clamare – 5. exspectare – 6. et – 7. placet – 8. asinus – 9. tacere – 10. quid
3 1. Wo ist der Esel? 2. Quintus steht da und blickt sich suchend um. Er ruft. 3. Warum kommt der Esel nicht? 4. Auch der Hund schweigt. 5. Plötzlich bellt der Hund. 6. Quintus freut sich: Es ist (herrscht) keine Stille mehr und der Esel kommt.
4 Ubi est amica? Cur non venit? Non placet exspectare. Sol ardet. Silentium est. Subito canis clamat. Ecce amica venit.
5 Vor dem Wort, das Subjekt ist, steht ein S, vor dem Wort, das Prädikat ist, ein P. – 1. (S) Quintus (P) stat. (S/P) Exspectat. Tipp : Hier steckt das Subjekt im Prädikat. Unterstreiche daher das letzte -t rot. – 2. (S) Amica venire (P) cessat. Tipp: venire kann nicht das Prädikat sein, denn es steht im Infinitiv. – 3. Subito (S) canis (P) latrat. – 4. (S) Quis (P) venit? (S) Amica (P) est. Tipp: Auch Fragewörter oder Pronomen, wie z. B. wer, sie oder wir, können natürlich Subjekt sein.
Übersetzung: 1. Quintus steht da und wartet. 2. Die Freundin lässt sich Zeit zu kommen. 3. Plötzlich bellt der Hund. 4. Wer kommt? Es ist die Freundin.
6 individuelle Lösung (vgl. Schülerbuch S. 9 und 11)

2 **1** Imperativ Singular: Salve, Marce, Flavia, amice, Quinte, amica, Aule, Galla, serva, Syre, serve! Tipp: Hast du bei den Substantiven auf -us darauf geachtet, dass sie im Vokativ das -e haben? – Imperativ Plural: Salvete, servae, servi, amicae, amici!
2 1. Die Sklavin Galla ist im Garten. 2. Sie steht unter einem Baum und wartet, aber die Freunde kommen nicht. 3. Wo sind die Sklaven? 4. Warum lassen sich die Sklavinnen Zeit zu kommen? 5. Galla lacht nicht, denn warten gefällt [ihr] nicht. 6. Plötzlich ruft jemand: „Galla, Galla!" Wer ist es? 7. Sicherlich sind es die Freunde. 8. Nun lacht Galla, denn die Sklavinnen kommen näher (kommen herbei).
3 atrium – triclinium – toga – peristyl – tunica – palla – pater familias – stola; Lösungswort: salutant
4 A2/A5: Der Sklave Syrus schweigt/schreit. – B1/B3/B4: Quintus und Flavia lachen/beeilen sich/erscheinen. – C3/C4/C6: Die Pferde eilen/erscheinen/gefallen. – D6: Die Geschenke gefallen. – E1/E3/E4: Die Sklavinnen lachen/beeilen sich/erscheinen. – F2/F5: Die Frau schweigt/schreit.
5 In Klammern ist das Anfangsfeld des Wortes angegeben. – auch, sogar: etiam (E5) – und, und auch: atque (F1) – von weitem: procul (C1) – nun: nunc (E6) – aber: sed (H3) – plötzlich: subito (H3) – denn: nam (B3) – hier: hic (A4) – dann: tum (E4) – schon: iam (E3) – dort: ibi (B4) – Wildschweinesser: Obelix, Asterix, Idefix

3 **1** 1. (S) Quintus (O) amicam (P) exspectat. – 2. (O) Provinciam (S/P) administro. – 3. (O) Nuntium (S) eques (P) apportat. – 4. (S) Amici (O) equos (P) audiunt. – 5. (S) Serva (O) periculum (P) timet. – 6. (O) Servos (S) familia (P) exspectat. – 7. (S) Flavia (O) amicas (P) rogat. – 8. (S) Eques (O) equum (P) vocat.
2 du wartest: exspectas (A7) – ich halte: teneo (F9) – sie gehorchen: parent (A10) – sie schweigen: tacent (F9) – er segelt: navigat (G1) – ich lache: rideo (E4) – du musst: debes (I10) – wir hören: audimus (nicht dabei) – du schweigst: taces (G7) – ihr lacht: ridetis (E4) – ich stehe: sto (C7) – du lachst: rides (I2)
3 1. Schau, ein Reiter nähert sich und begrüßt Marcus Flavius Lepidus und seine Familie: „Seid gegrüßt!" 2. Schon stehen die Pferde. 3. Marcus Flavius Lepidus begrüßt den Boten und fragt: „Sei auch du gegrüßt! Was ist? Was bringst du?" 4. Der Reiter antwortet: „Warum beeilt ihr euch nicht? Der Kaiser erwartet dich, Lepidus." 5. Marcus Flavius Lepidus [sagt]: „Schau, wir kommen schon nach Rom!" 6. Da treibt der Reiter die Pferde an; die Pferde gehorchen sofort und eilen nach Rom.
4 1. stimmt nicht: Syrum rogat. Syrum steht im Akk. – 2. stimmt: Die Frage „Ubi est matrona?" ist von Galla. – 3. stimmt nicht: Syrus freut sich sehr (valde gaudet), als er die Nachricht hört. Die Begründung: nam in insulam Cretam navigare placet. – 4. stimmt: Beide, Syrus und Galla, hören die Matrona (Nunc matronam audiunt.). Galla folgt dem Ruf der Matrona (Galla properat.). – 5. stimmt: Im Ausruf der Matrona stehen die Verbformen in der 2. P. Pl.: „Ubi estis? Cur non venitis?"– 6. stimmt nicht: Keiner weint. Galla ist zwar dem Weinen nahe, aber es heißt lacrimas tenet.
Übersetzung: Auch die Sklavin Galla hört die Nachricht. Sie fürchtet sich sehr. Sie freut sich nicht. Sie fragt Syrus: „Wo ist die Matrona?" Aber Syrus antwortet nicht. Er freut sich sehr, denn es gefällt [ihm], zur Insel Kreta zu fahren. Jetzt hören sie die Matrona. Sie ruft: „Wo seid ihr? Warum kommt ihr nicht?" Galla beeilt sich, sie hält ihre Tränen zurück.
5 tum – donum – appropinquare – etiam – parere – statim – iam – subito

4 **1** intras: du trittst ein – iubemus: wir befehlen – timeo: ich fürchte – rogant: sie fragen – incitat: er treibt an – navigamus: wir segeln – audiunt: sie hören – rogare: fragen – sedeo: ich sitze – cogitatis: ihr denkt
2 zum Beispiel: villa avi/consulis/amicorum – donum senatorum/imperatoris/deae – canis nuntii/matronae/servarum – equus amicae/equitis/reginae
3 1. „Wer sitzt dort?" – „Dort sitzen die Senatoren und die Freunde der Senatoren. Ich sehe auch den (einen) Konsul. Jetzt kommt der Festzug." 2. „Was tragen sie?" – „Sie tragen die Bilder der Götter und Göttinnen." 3. „Warum schweigen die Menschen jetzt?" – „Sie hören den Worten des Kaisers zu." 4. „Warum schreit (jubelt) das Volk?" – „Der Kaiser gibt das Zeichen zum Schauspiel." 5. „Wer tritt jetzt ein?" – „Jetzt tritt ein Bote ein. Er grüßt den Kaiser. Der Kaiser lacht, sicherlich gefallen [ihm] die Worte des Boten." 6. „Was hörst du?" – „Die Worte des Boten höre ich nicht, aber das Geschrei der Menschen höre ich. 7. Und du, du sitzt hier und fragst mich. Warum stehst du nicht?"

4 Flavia solem, villam/villas, canem/canes, asinum/asinos, amicam/amicas, matronam/matronas, servum/servos, servam/servas, familiam/familias, amicum/amicos, donum/dona, equum/equos, equitem/equites, nuntium/nuntios, imperatorem/imperatores, insulam/insulas, provinciam/provincias, periculum/pericula, lacrimam/lacrimas, hominem/homines, spectaculum/spectacula, consulem/consules, senatorem/senatores, avum/avos, populum/populos, simulacrum/simulacra, deum/deos, deam/deas, reginam/reginas, signum/signa videt.

5 Wortarten: Substantiv, Adjektiv, Adverb, Verb, Konjunktion

6 Lösung: Iuno – Übersetzung: Wer ist es? Es ist nicht die Sklavin der Flavia, es ist nicht der Sklave des Quintus. Es ist nicht der Großvater der Freundin, sondern es ist eine Frau. Es ist nicht der Konsul und auch nicht ein Senator. Es ist die Königin der Göttinnen.

7 Folgende Fehler macht der Reporter: Der Circus Maximus fasste 250 000 Zuschauer. – Die palla ist ein Umhang für Frauen, Senatoren tragen die toga. – In der pompa werden Bilder von Göttern gezeigt. – Das Tuch, mit dem der Veranstalter das Signal zum Start gibt, ist weiß. – Die Wagen müssen die Strecke sieben Mal zurücklegen. – Spina ist die Mittelstrecke, die Wendemarke heißt meta. – Der Circus ist 630 m lang.

8 Ibi est villa avi, sunt amici consulum, sunt servae amicae, est equus equitis, sunt simulacra dearum, est donum reginae, sunt canes servorum. Videmus villam avi, amicos consulum, servas amicae, equum equitis, simulacra dearum, donum reginae, canes servorum.

5 1 Quintus donum dat amico, servis, senatoribus, Flaviae, nuntiis, avo, oratori, consuli, equiti, matronae.

2 a-Konjugation: intrat – er, sie, es tritt ein; cogito – ich denke; appropinquant – sie nähern sich; paro – ich bereite, clamas – du schreist; e-Konjugation: videmus – wir sehen; solent – sie pflegen; tacetis – ihr schweigt; pares – du gehorchst; i-Konjugation: venis – du kommst; dormiunt – sie schlafen; audimus – wir hören; Kons. Konjugation: luditis – ihr spielt; quaeris – du suchst; plaudo – ich klatsche Beifall; decedunt – sie gehen weg

3 1. audire: ist kein Verb der Bewegung – 2. pater: ist kein Adverb, sondern ein Substantiv – 3. lego: ist eine Verbform in der 1.P. Sg.; bei den Substantivformen der o-Dekl. zeigt das -o Dat. und Abl. Sg. an. – 4. noctis: ist eine Substantivform im Gen. Sg.; bei den Verbformen ist -tis das Person-Zeichen für die 2.P. Pl. – 5. fuga: bezeichnet nichts Geographisches, nichts in der Landschaft

4 1. Die Sklavin Galla steht vor der Küche und weint. 2. Während die Sklaven und Sklavinnen herbeilaufen, nähert sich auch Marcus Flavius Lepidus der Sklavin. 3. Er fragt: „Was ist [los]? Warum weinst du?" 4. Galla antwortet: „Hier sind (gibt es) Diebe, Herr! 5. Ich suche die Zuckerplätzchen. Ich muss mich beeilen, denn die Herrin erwartet mich. Aber die Zuckerplätzchen sind nicht hier!" 6. Flavius Lepidus [sagt]: „Wo sind die Zuckerplätzchen? Wer nennt den Dieb?" 7. Die Sklaven fürchten sich sehr, aber sie gehorchen dem Herrn nicht. 8. Plötzlich erscheint der Hund Hylax und trägt die Zuckerplätzchen herbei.

5 Die Satzgliedbestimmung steht in Klammern davor. 1. (S) Homines (Dat.-O) oratori (P) plaudunt. – Die Menschen applaudieren dem Redner. 2. Sed (S) clamor (Gen.-Attr.) hominum (Dat.-O) oratori non semper (P) placet. – Aber das Geschrei (der Jubel) der Menschen gefällt dem Redner nicht immer. 3. Tum (S) orator (Dat.-O) hominibus (Akk.-O) signum (P) dat. – Da gibt der Redner den Menschen ein Zeichen. 4. Tandem (S) homines (P) tacent. – Endlich schweigen die Menschen. 5. (Dat.-O) Oratori (S/P) parent neque iam (S/P) clamant. – Sie gehorchen dem Redner und schreien (jubeln) nicht mehr. 6. Nunc (S) homines (Akk.-O) nuntium (Gen.-Attr.) oratoris (P) audiunt. – Nun hören die Menschen die Botschaft des Redners an.

6 1. iubetis – 2. dant – 3. sedeo – 4. videmus – 5. legunt – 6. invado – 7. decedit – 8. quaeris – 9. cogitatis – 10. salutas – 11. ludo – 12. administrat – 13. plaudunt – Lösungswort: Basilica Iulia

6 1 amicis laetis: den fröhlichen Freunden/Freundinnen – dominum maestum: den traurigen Herrn – canis magnus: der große Hund – senatores multos: viele Senatoren – insula nova: die neue Insel – reo maesto: dem traurigen Angeklagten

2 Substantive: orator, navis, arma, amor, mater, clamor, signum; Adjektive: novus, magnus, laetus, multi, alius, secundus; Verben: dicere, pugnare, navigare, clamare

3 1. Die Piraten segeln zur Insel Kreta. 2. Sie sind nicht froh, denn die Sonne brennt und der Wind ist nicht günstig (es weht kein günstiger Wind). 3. Plötzlich schreit ein Pirat: „Nicht weit entfernt sehe ich ein Schiff!" 4. Sofort [ruft] der Kapitän der Piraten: „Hört, Freunde (Leute), nähert euch dem Schiff! Beeilt euch!" 5. Während der Kapitän die Seeleute antreibt, freuen sich die Piraten und denken an die Beute. 6. Endlich nähern sie sich dem Schiff, dann springen sie auf das Schiff. 7. Groß ist die Raserei (die Angst) und das Geschrei der Menschen: „Verteidigt das Schiff! Tötet die Piraten!" 8. Aber die Piraten fürchten sich nicht; sie töten viele Menschen, verschleppen andere auf das Schiff der Piraten (das Piratenschiff), nehmen die Beute. 9. Nun freuen sie sich sehr, denn die Beute ist groß.

4 1. Amici clamant. – Tacete, amici! 2. Flavia maesta est. – Es laeta, Flavia! 3. Senatores non audiunt. – Audite, senatores! 4. Quintus cessat. – Propera, Quinte! 5. Piratae homines invadunt. – Defendite homines, piratae! – Lösungswort: Ludite!

5 Piratae nautas necant. Dum pugnant, me non vident. Valde timeo. Insulam video. In mare praecipito. Venite cito! Date auxilium!

7 1 zum Beispiel: ex villa, provinciis; in equo, foro, nave; sine aqua, asino, amicis, imperatore, iudice, serva; cum servis, senatoribus, equite, fure, patre, consule, avo

2 1. in circo 2. cum ardore; sine Flavia 3. cum aliis senatoribus 4. cum furore 5. sine voluptate; cum serva

3 Richtig ist Übersetzung C. – In A: dum mit tum verwechselt, ubi ausgelassen, Bedeutung von quaerere („suchen", nicht „besuchen") falsch, medicum mit Plural übersetzt. –
In B: ubi mit ibi verwechselt, dadurch ist der Satzbau falsch, es muss NS, HS, NS sein, properant ausgelassen. –
In D: Teile aus den Sätzen durcheinandergebracht: medicum quaerunt gehört in den letzten Nebensatz, manent ausgelassen, ubi mit ibi verwechselt, medicum doppelt übersetzt.

4 1. Quintus geht mit Flavia auf dem Forum Romanum spazieren. 2. Plötzlich freut er sich sehr und sagt: „Schau, Freundin, dort sind Gaius und Lucius und sie spielen. Beeil dich!" 3. Während Quintus zu den Freunden läuft, zögert Flavia zu kommen. 4. Lange steht sie vor einem Laden, denn sie betrachtet mit großem Vergnügen Schmuckstücke. 5. Da ruft Quintus wieder: „Komm, Flavia! Was ist? Hast du etwa Angst vor meinen Freun-

den?“ 6. Die Freunde lachen, aber Flavia ist traurig. 7. Endlich nähert sich Quintus Flavia ohne seine Freunde (kommt Quintus ohne seine Freunde zu Flavia hin) und fragt: „Was betrachtest du in dem Laden? Gefallen dir die Ringe?“ 8. Flavia schweigt. Deshalb bringt Quintus seine Freundin schnell weg.

5 1. Titus ex templo currit. 2. Lydia ante templum sedet. 3. Medicus in basilicam intrat. 4. Pater ad oratorem properat. 5. Iulia cum amica ambulat. 6. Orator ex basilica venit. 7. Senator sine mente iacet. 8. Quintus in foro ludit.

6 1. Quintus patrem rogat: „Num furem defendis?“ – erwartete Antwort: „Nein, natürlich nicht.“ 2. Aulus Marcum rogat: „Nonne matri donum apportas?“ – erwartete Antwort: „Doch, selbstverständlich bringe ich ihr eins.“ 3. Pater Quintum rogat: „Mortuusne consul est?“ – erwartete Antwort: „Ja.“ oder „Nein.“ 4. Mater Aulum et Marcum rogat: „Num epistulas Flaviae legitis?“ – erwartete Antwort: „Nein, so etwas tun wir natürlich nicht.“

8 1 patronus, iudex, senator, consul, imperator, nuntius, avus – Lösungswort: piscina – Überschrift: Cuncti in piscinam conveniunt.

2 1. cum amicis ambulare – 2. de vita cogitare – 3. cunctis vitiis vacare – 4. in villa sedere – 5. sine mente iacere – 6. magna voluptate ludere – 7. ex templo currere – 8. magna voce clamare – 9. prima luce convenire – 10. in periculo esse – 11. tota urbe quaerere

3 Die Satzgliedbestimmung steht in Klammern davor. – 1. (Adv.) Tota urbe (Akk.-O) magnum clamorem (S/P) audimus. 2. (S) Homines (Adv.) in forum (P) conveniunt, nam (Akk.-O) magnum spectaculum (P) sperant. 3. Itaque (Akk.-O) oratores, dum (Dat.-O) foro (P) appropinquant, (Adv.) clamoribus laetis (P) salutant et (P) plaudunt. 4. Dum (S) unus ex oratoribus (Akk.-O) exemplum (Gen.-Attr.) sapientiae (Adv.) magna voce (P) dat, (S) homines (P) tacent.

4 1. Quintus ist (PN) traurig, denn Flavia ist nicht mehr in der Stadt. (Praed.) Traurig sitzt er in der Villa. 2. Er ist jetzt immer (PN) allein. (Praed.) Allein geht er auf dem Forum spazieren. 3. Ein Freund sagt zu Quintus: „Immer denkst du an die (Attr.) schöne Flavia. Aber sie segelt nun zur Insel Kreta. Warum suchst du [dir] nicht eine (Attr.) neue Freundin?“ 4. Quintus aber antwortet: „Ich liebe Flavia (Praed.) allein (nur Flavia).“ 5. Dann eilt er zum Tempel der Venus, der Göttin der Liebe (der Liebesgöttin). 6. Dort ruft er: „(Attr.) Große Göttin, betrachte mich (Praed.) Traurigen! Gib Flavia ein (Attr.) gutes Schicksal! Gewähre Hilfe (Hilf)!“

5 times – timemus – timent – amo – amat – amatis – convenio – convenimus – conveniunt – exponis – exponitis – exponete – emo

9 1 hominum – filium – pueris – exemplo – agri – matronae

2 a-Konj.: cogitare, dare, exspectare, properare, sperare; e-Konj.: manere, iubere, respondere, ridere; i-Konj.: audire, dormire, convenire; Kons. Konj.: invadere, currere, dicere, quaerere, emere, ludere, sumere

3 pueri laeti – reginam pulchram – magno cum clamore – verbis iucundis – fortuna aspera – primum consulem – viri robusti – magnus ager – servitute misera – totam noctem – iudicum durorum – aliis senatoribus – furem miserum – magnum templum – exemplis bonis

4 sum – es – est – sumus – estis – sunt; Iam prima luce cuncti in forum conveniunt, nam spectaculum magnum sperant. – Schon bei Tagesanbruch kommen alle auf dem Forum zusammen, denn sie hoffen auf ein großes Schauspiel.

5 1A Akk. Pl.: Das Publikum wartet auf die Gladiatoren. – 1B Nom. Pl.: Dann grüßen die Gladiatoren. – 2A Dat. Sg.: Der Großvater gibt dem Jungen ein Geschenk. – 2B Abl. Sg.: Er segelt mit dem Jungen zu einer Insel. – 3A Nom. Sg.: Das Leben der Sklaven ist elend. – 3B Abl. Sg.: Ich denke oft über das (mein) Leben nach. – 4A Gen. Sg.: Der Freund des Arztes sitzt dort. – 4B Nom. Pl.: Jetzt betreten die Ärzte das Landhaus.

6 1. Ein Sklavenhändler: „Kommt herbei, [ihr] Herren! Kauft hübsche und schöne germanische Sklavinnen!“ 2. Rutilius: „Ich suche einen kräftigen Sklaven.“ 3. Der Sklavenhändler: „Komm, Herr! Hier habe ich viele kräftige Sklaven, griechische, gallische, afrikanische.“ 4. Rutilius: „Das sind Jungen und keine kräftigen Männer.“ 5. Der Sklavenhändler: „Sie sind nicht kräftig? Sie haben keinen Fehler und sie sind gesund. Schau, Herr! Wie gut und stark Glaucon ist!“ 6. Rutilius: „Was sagst du? Ich habe [doch] Augen [im Kopf]. Glaucon ist nicht gesund. Ich suche einen kräftigen und groben Sklaven.“ 7. Endlich sieht Rutilius einen kräftigen Sklaven und kauft [ihn].

10 1 1. laborabatis – 2. statuebas – 3. agitis – 4. petebat – 5. abducebant – 6. imponunt – 7. mutamus – 8. cedo – 9. conveniebam – Lösungswort: Lutetia

2 1. in insulas – Viele Piraten segelten zu den Inseln. 2. in villa/ante villam – Die Mädchen und Jungen spielten in/vor dem Landhaus. 3. in urbe/in foro – In der Stadt/Auf dem Forum gingen die Menschen mit ihren Freunden spazieren. 4. in urbe/in foro – In der Stadt/Auf dem Forum war großer Lärm. 5. in agris – Die Sklaven und Sklavinnen arbeiteten immer auf den Feldern. 6. in provinciam/ad forum – Der Kaiser eilte in die Provinz/zum Forum.

3 1. Lange kämpfte Gajus Julius Cäsar mit den Galliern. 2. Denn die Gallier waren stark und sie erschraken auch nicht vor dem Tod (sie schauderten auch nicht vor dem Tod zurück). 3. Und sie wichen den Römern nicht, auch wenn schon viele Männer tot waren. 4. Mit großem Geschrei stürzten sie sich in die Kämpfe. 5. Denn sie fürchteten nicht große Gefahren, sondern harte Knechtschaft.

4 est: er, sie, es ist – erat: er, sie, es war; petimus: wir bitten – petebamus: wir baten; studeo: ich bemühe mich – studebam: ich bemühte mich; cedunt: sie gehen – cedebant: sie gingen; laboras: du arbeitest – laborabas: du arbeitetest; sumit: er, sie, es nimmt – sumebat: er, sie, es nahm; sum: ich bin – eram: ich war; convenitis: ihr kommt zusammen – conveniebatis: ihr kamt zusammen; defendimus: wir verteidigen – defendebamus: wir verteidigten

5 1. Die Sklaven arbeiteten immer auf den Feldern. – Leiden die Freunde? Ihr müsst sofort Hilfe leisten. 2. Der Vater setzt den Jungen auf das Pferd. – Die Römer legten vielen Menschen die Sklaverei auf (brachten). 3. Viele Menschen haben keine Nahrung. – Wenige sind frei von Fehlern. 4. Die Römer beschließen, mit den Galliern zu kämpfen. – Die Römer pflegten in den Tempeln Bilder der Götter aufzustellen.

6 clamor: Geschrei; clamo: ich schreie/amor: Liebe – currere: laufen; cur: warum – donum: Geschenk; do: ich gebe/num: etwa – incito: ich treibe an; in: in, an, auf/cito: schnell – maestus: traurig; est: er, sie, es ist – sedere: sitzen; sed: aber – solus: allein; sol: Sonne

11 1 Präsens: -o, -s, -t, -mus, -tis, -nt; Perfekt: -i, -isti, -it, -imus, -istis, -erunt

2 Bedeutungsteile im Präsensstamm: specta, time, lud, mitt, ced, expon, supera, trah, stude; Bedeutungsteile im Perfektstamm: portav, mis, abdux, ars, paru, audiv, plaus
3 rogare, rogo, rogavi – fragen, bitten; servare, servo, servavi – retten, bewahren; imponere, impono, imposui – setzen, stellen, legen (in, an, auf), bringen, auferlegen; studere, studeo, studui – sich bemühen (um), wollen, sich bilden; trahere, traho, traxi – ziehen; manere, maneo, mansi – bleiben; mittere, mitto, misi – schicken; tacere, taceo, tacui – schweigen
4 1. Quintus: „Hallo, Aulus! Wie freue ich mich, dich zu sehen! Aber sag: Was machst du in Rom? Warum bist du nicht mehr auf Kreta?" 2. Aulus: „Kreta hat [mir] nicht gefallen. Dort war (gab es) nichts Erfreuliches, ich habe ein unglückseliges Leben gelebt. Ich liebe die Stadt und die Schauspiele, aber dort waren (gab es) weder Pferde noch gute Gladiatoren." 3. Quintus: „Deshalb bist du verzweifelt und bist von der Insel weggegangen. Was hat dein Vater gesagt? Hat er dich nach Rom geschickt?" 4. Aulus: „Ich habe meinen Vater nicht gefragt. Ich habe nachts die Villa verlassen und habe ein Schiff gesucht." 5. Quintus: „Haben denn die Seeleute nicht nach einem Grund gefragt? Ohne ein Wort deines Vaters haben sie dich nach Rom gebracht?" 6. Aulus: „So ist es (Stimmt), Quintus!"
5 Präsens: sum, es, est, sumus, estis, sunt – ich bin, du bist, er, sie, es ist, wir sind, ihr seid, sie sind; Imperfekt: eram, eras, erat, eramus, eratis, erant – ich war, du warst, er, sie, es war, wir waren, ihr wart, sie waren; Perfekt: fui, fuisti, fuit, fuimus, fuistis, fuerunt – ich bin gewesen, du bist gewesen, er, sie, es ist gewesen, wir sind gewesen, ihr seid gewesen, sie sind gewesen
6 a) Die Verbformen im deutschen Text stehen im Präteritum: (es) war, (sie) hatten lieb, (es) war, (sie) schenkte, (es) gefiel, (sie) nannten. b) amabant – (sie) hatten lieb; erat – (es) war; placebat – (es) gefiel. Die nicht markierten lateinischen Verbformen stehen im Perfekt. Erklärung: Im Lateinischen ist die Erzählzeit das Perfekt, im Deutschen dagegen das Präteritum.
7 dixerunt – sie haben gesagt; audiebamus – wir hörten; portamus – wir tragen; egistis – ihr habt getan; mittis – du schickst; quaesivi – ich habe gesucht; stabat – er, sie, es stand; mansit – er, sie, es ist geblieben; dicunt – sie sagen; quaerimus – wir suchen; misisti – du hast geschickt; ambulabam – ich ging spazieren; sedebatis – ihr saßt; dormitis – ihr schlaft; iussi – ich habe befohlen

12 1 v-Perfekt: audire, audiv-; mutare, mutav-; negare, negav-; parare, parav-; u-Perfekt: carere, caru-; parere, paru-; studere, studu-; tacere, tacu-; s-Perfekt: dicere, dix-; invadere, invas-; mittere, mis-; sumere, sumps-; vivere, vix-; Dehnungsperfekt: legere, leg-; movere, mov-; sedere, sed-; videre, vid-; Reduplikationsperfekt: currere, cucurr-; dare, ded-; respondere, respond-; stare, stet-; tangere, tetig-; Perfekt ohne Veränderung: defendere, defend-; descendere, descend-; statuere, statu-
2 1. Dum legimus, clamare non licet. – Während wir lesen, ist es nicht erlaubt zu schreien (ist schreien nicht erlaubt). – Was ist nicht erlaubt? – Subjekt – 2. Consul per forum ambulare solet. – Der Konsul pflegt über das Forum zu spazieren. – Was pflegt der Konsul (zu tun)? – Objekt – 3. Placet oratorem audire. – Es gefällt den Redner zu hören. – Was gefällt? – Subjekt – 4. Servi laborare debent, non licet servis ludere. – Sklaven müssen arbeiten, Sklaven ist es nicht erlaubt zu spielen. – Was müssen Sklaven (tun)? Was ist Sklaven nicht erlaubt? – laborare: Objekt; ludere: Subjekt – 5. Nonne amicos defendere cogitas? – Beabsichtigst du denn nicht, die Freunde zu verteidigen? – Was beabsichtigst du (zu tun)? – Objekt
3 1. humanus – 2. hodie – 3. arma – 4. statuere – 5. pretium – 6. mutare – 7. cena – 8. mens – 9. deus – 10. servare – 11. sic
4 1. Quintus dachte lange über die Geschichte nach: „Deukalion und Pyrrha war es möglich, die Götter durch Bitten zu bewegen. 2. Warum habe ich die Götter bisher [noch] nicht bewegt? 3. Warum hat Jupiter, obwohl er beabsichtigte, das Menschengeschlecht zu vernichten, seine Denkweise (Meinung) geändert? 4. Warum hat er allein (nur) Deukalion und Pyrrha gerettet? 5. Sicher waren sie fromm und haben die Götter immer verehrt. 6. Bin nicht auch ich fromm? Immer verehre ich die Götter und opfere ihnen. 7. Warum erhören die Götter mich nicht? Was gefällt ihnen nicht? 8. Sie haben dem Mann und der Frau [die Möglichkeit] gegeben, das Menschengeschlecht wiederherzustellen, warum geben sie mir Flavia nicht?"
5 ludimus, ludebamus, lusimus – rogo, rogabam, rogavi – vivit, vivebat, vixit – dormiunt, dormiebant, dormiverunt – tangis, tangebas, tetigisti – impono, imponebam, imposui – veniunt, veniebant, venerunt – defenditis, defendebatis, defendistis – iubes, iubebas, iussisti

13 1 Maskulina: ager, eques, fur, hospes, imperator, iudex, labor, medicus, mos, nauta, sol, ventus, victor; Feminina: ara, cura, epistula, humanitas, mater, mens, mors, navis, nox, regina, salus, sors, urbs; Neutra: caput, corpus, exemplum, genus, nomen, numen, signum, simulacrum, tergum
2 1. interrogavi – 2. auditis – 3. dedit – 4. fles – 5. putaveratis – 6. tacebant – 7. cognoverant – 8. ambulabat – 9. lego – 10. laborabamus – 11. scripsisti – 12. defenderamus
3 1. Quintus las Flavias Brief wieder und wieder. 2. Wie fröhlich war er, wie freute er sich! 3. Die Götter hatten die Bitten erhört, sie hatten das Schicksal seiner Freundin zum Guten gewendet. 4. Flavia war nicht tot. Sie war zwar Sklavin, aber sie lebte. 5. Dann lief Quintus mit großer Freude zur Bibliothek, wo sein Vater saß und schrieb. 6. „Hör, Vater! Ich bringe dir eine gute und erfreuliche Nachricht: 7. Flavia lebt noch, die Götter haben sie gerettet. Wir müssen sofort nach Gallien eilen." 8. Darauf [sagt] Domitius: „Was sagst du, Quintus?... Oh, ihr großen Götter! Wir danken euch."
4 Inschrift: „... ist hier hingelegt (liegt hier begraben). Leb wohl, Aiacius."
5 Griffel: stilus; Wachs: cera; Wachstafel: tabula cerata; Päckchen aus Wachstafeln: codex; Schreibfeder: calamus
6 Cuncti homines, viri feminaeque, servi civesque me amant. Verba cunctorum hominum, virorum feminarumque, servorum civiumque audire mihi licet. Cunctis hominibus, viris feminisque, servis civibusque valde placeo. Cunctos homines, viros feminasque, servos civesque saepe convenio. Cum cunctis hominibus, viris feminisque, servis civibusque per forum ambulare soleo.
7 1. nomine – 2. maria – 3. corpus – 4. filii – 5. genus – 6. ventorum

14 1 Niemand glaubt, 1. dass Pferde Briefe schreiben.
2. ..., dass eine Königin auf den Feldern arbeitet.
3. ..., dass Angeklagte einen Richter verteidigen.
4. ..., dass die Götter die Menschen fürchten.
5. ..., dass Hunde Geschichten lesen.
2 Substantivformen (ein A bedeutet Akkusativ; in Klammern steht der Nominativ): timore (timor), fugam A (fuga), vocem A (vox), ardore (ardor), nomen A (nomen), arma A (arma), amicas A (amica), iter A (iter), curam A (cura), genus A (genus), periculum A (periculum), oculus (oculus), corpora A (corpus), imperatore (imperator), causa (causa), patriam A

(patria), patres A (pater), numen A (numen), clamore (clamor), naves A (navis), consule (consul); Infinitive: dare, ardere, amare, timere, imponere, carere, petere

3 1. prima luce: beim ersten Tageslicht – 2. diu: lange – 3. multas horas: viele Stunden lang – 4. in spectaculo: während des Schauspiels – 5. dum dormiunt: während sie schlafen

4 1. Quintus schlenderte über das Forum, als Aulus sich plötzlich näherte und schon von weitem rief: 2. „Hallo, Quintus! Wie freue ich mich, dass Flavia Sklavin in Gallien ist!" – 3. „Was höre ich? Du freust dich, dass meine Freundin in Sklaverei ist?" – 4. „Ich habe [es] nicht gut gesagt (habe mich nicht gut ausgedrückt). Ich freue mich, dass Flavia, auch wenn sie Sklavin ist, nicht tot ist. So nämlich ist es möglich, sie zurückzukaufen." – 5. „Wir haben in der Tat vor, nach Gallien zu eilen. Aber sag mir: Woher weißt du, dass meine Freundin noch lebt?" – 6. „Weißt du denn nicht, dass Sulpicia in der ganzen Stadt allen Leuten das (vom) Schicksal Flavias erzählt?" – 7. „Große Götter! Der Vater hat der Mutter [doch] befohlen, über Flavia zu schweigen."

5 1. „Subjekt": reum, „Prädikat": flere – Der Richter sieht, dass der Angeklagte sehr weint. 2. „Subjekt": patronum, „Prädikat": defendere – Alle hören, dass der Anwalt den Angeklagten mit schönen Worten verteidigt. 3. „Subjekt": cives, „Prädikat": timere – Der Konsul hat gehört, dass die Bürger sich sehr vor den Piraten fürchten. 4. „Subjekt": deos, „Prädikat": defendere – Ich glaube, dass die Götter die Menschen immer vor Gefahren in Schutz nehmen.

6 1. Infinitiv: Lesen macht allen Menschen Spaß. 2. AcI: Wir glauben, dass alle Menschen lesen. 3. Infinitiv: Der Herr sagt: „Den Sklaven ist es nicht erlaubt, auf dem Forum zu spielen." 4. AcI: Der Herr hat gehört, dass die Sklaven auf dem Forum spielen. 5. AcI: Wir haben gehört, dass die Konsuln über das Forum spazieren. 6. Infinitiv: Die Konsuln pflegen über das Forum zu spazieren.

15

1 1. asinus meus/noster – tuus/vester 2. donum meum/nostrum – tuum/vestrum 3. epistulae meae/nostrae – tuae/vestrae 4. canis meus/noster – tuus/vester 5. navis mea/nostra – tua/vestra

2 verbis acribus: mit heftigen (scharfen) Worten – itinere facili: auf leichtem (einfachem) Weg – hominum mortalium: der sterblichen Menschen – causam gravem: den schweren (ernsten) Grund – tempus breve: eine kurze Zeit – reginas felices: die glücklichen Königinnen

3 venire, venio, veni: kommen; quaerere, quaero, quaesivi: suchen, fragen; frangere, frango, fregi: (zer)brechen; aperire, aperio, aperui: öffnen; tollere, tollo, sustuli: hochheben, beseitigen; mittere, mitto, misi: schicken; defendere, defendo, defendi: verteidigen, abwehren

4 1. mihi, tibi, sibi, nobis, vobis – 2. me, te, se, nos, vos – 3. pro me, pro te, pro se, pro nobis, pro vobis

5 nox brevis, hominibus felicibus, reginae pulchrae, montem altum, gladio acri, curas graves, iuvenis miser, omnium hominum, iter longum, brevi tempore, mare asperum, saxa dura – Lösungswort: iterum

6 1. Aufidius hatte sich umgänglich gezeigt und Domitius die Mädchen überlassen. 2. Dann hatte er alle in das Haus seines Bruder geführt. 3. Während sie dort saßen und sich dem Vergnügen des Schauspiels hingaben (sich bei dem Schauspiel vergnügten), dachte Quintus bei sich: „Flavia hat ein schweres Schicksal ertragen (erlitten), lange hat sie ein armseliges Leben geführt. 4. Jetzt aber ist sie fröhlich. Sicher freut sie sich sehr, dass sie endlich frei ist; sicher ist niemand so glücklich wie Flavia." 5. Dann wendete er die Augen zu seiner Freundin (blickte er hinüber zu seiner Freundin). Aber Flavia merkte nichts. 6. Es schien nämlich, dass die Freundin mit großem Vergnügen die Pantomime betrachtete.

7 1. amicam meam, non amicam fratris 2. epistulam tuam, non epistulam consulis 3. de patre nostro, non de patre amicorum 4. gladio meo, non gladio patris 5. avo vestro, non avo pueri 6. verba nostra, non verba iudicis 7. cum filio tuo, non cum filio senatoris 8. frater meus, non frater medici 9. equos vestros, non equos equitis

8 Präpositionen mit Ablativ: ab, ex, sine, de, pro, cum

16

1 1. promittere – promisisse 2. tenere – tenuisse 3. descendere – descendisse 4. frangere – fregisse 5. movere – movisse 6. agere – egisse 7. scribere – scripsisse 8. colere – coluisse 9. ponere – posuisse 10. tangere – tetigisse 11. currere – cucurrisse 12. cognoscere – cognovisse

2 1. „Subjekt": Venerem deam, „Prädikat": promisisse – Wir haben gehört, dass die Göttin Venus dem jungen Mann Paris die schönste Frau versprochen hat. 2. „Subjekt": Helenam, „Prädikat": (pulcherrimam feminam) fuisse – Alle wissen, dass Helena die schönste Frau von allen (die schönste aller Frauen) gewesen ist. 3. „Subjekt": Iuvenem, „Prädikat": abduxisse – Sie erzählen, dass der junge Mann Helena mit sich nach Troia gebracht habe. 4. „Subjekt": Graecos, „Prädikat": pugnavisse – Wir haben gelesen/Wir lesen, dass die Griechen lange mit den Troianern gekämpft haben. 5. „Subjekt": Troianos, „Prädikat": putavisse, traxisse – Sie erzählen, dass die Troianer das Pferd für ein Geschenk für Minerva gehalten und in ihre Stadt gezogen hätten.

3 1. plaudit mihi, tibi, ei, nobis, vobis, eis – 2. cognoscit me, te, eum/eam, nos, vos, eos/eas – 3. cogitat de me, de te, de eo/ea, de nobis, de vobis, de eis

4 Paris erzählt – Paris narrat 1. ..., dass er nach Sparta gesegelt sei. – ... se Spartam navigavisse. 2. ..., dass er Helena getroffen habe. – ... se Helenam convenisse. 3. ..., dass er sie sofort geliebt habe. – ... se eam statim amavisse. 4. ..., dass er die Frau auf einem Schiff nach Troia gebracht habe. – ... se feminam nave Troiam portavisse. 5. ..., dass Helena nun in Troia lebe. – ... Helenam nunc Troiae vivere. 6. ..., dass er die Griechen nicht fürchte. – ... se Graecos non timere.

5 a) 2. eum – 3. cum eo – 4. eius, eum – 5. Is – b) 2. eas – 3. cum eis – 4. earum, eas – 5. Eae

6 1B, 2C, 3C, 4B – Lösungssatz: Romani deos colunt.

17

1 1. liberat, liberabit, liberabat – 2. narramus, narrabimus, narrabamus – 3. favetis, favebitis, favebatis – 4. surgunt, surgent, surgebant – 5. ponis, pones, ponebas – 6. aperimus, aperiemus, aperiebamus – 7. scribo, scribam, scribebam – 8. sustineo, sustinebo, sustinebam – 9. curritis, curretis, currebatis – 10. ludit, ludet, ludebat

2 1. leges 2. errant 3. cognovi 4. spectabam 5. parebit 6. audient 7. scripsit 8. traxeramus 9. putabitis 10. cadebamus 11. risit 12. interrogamus. Übrig bleibt: sum – ich bin

3 1. Aemilia: „Flavia hat uns viel über den Kaiser Trajan erzählt, aber nicht alles. 2. Heute wird Calvus uns zum Forum des Trajan führen und das Übrige erzählen, denn er hat Krieg mit den Dakern geführt." – 3. Flavius Lepidus: „Mit wem werdet ihr durch die Stadt spazieren, Aemilia? Wem wird Calvus über den Dakerkrieg erzählen? 4. Ich werde nicht mit euch kommen, weil ich die Sonne nicht aushalte. 5. Quintus wird in der Basilica Iulia sein, wo sein Vater den Prozess für den Senator Rabirius führen wird. 6. Und du, Flavia, wirst zu Hause bleiben, weil du dich um das Abendessen kümmern wirst. 7. Sag, Aemilia: Wirst (Willst) du Flavia nicht helfen?"

4 1. Quis – Minerva 2. Cui – Venus 3. Quocum – Helena 4. Quem – Iuno 5. Quis – Troiani 6. Cuius – Menelaus – Lösungswort: Kassandra

5 Präsens: sum, es, est, sumus, estis sunt – ich bin, du bist, er, sie, es ist, wir sind, ihr seid, sie sind; Futur: ero, eris, erit, erimus, eritis, erunt – ich werde sein, du wirst sein, er, sie, es wird sein, wir werden sein, ihr werdet sein, sie werden sein; Imperfekt: eram, eras, erat, eramus, eratis, erant – Präteritum: ich war, du warst, er, sie, es war, wir waren, ihr wart, sie waren; Perfekt: fui, fuisti, fuit, fuimus, fuistis, fuerunt – ich bin gewesen, du bist gewesen, er, sie, es ist gewesen, wir sind gewesen, ihr seid gewesen, sie sind gewesen; Plusquamperfekt: fueram, fueras, fuerat, fueramus, fueratis, fuerant – ich war gewesen, du warst gewesen, er, sie, es war gewesen, wir waren gewesen, ihr wart gewesen, sie waren gewesen

6 brevis – opus – sustinere – pons – iter – liberare – comperire – item

18 1 Timeo – Ich fürchte... 1. D pericula, quae a Germanis sunt. – die Gefahren, die von den Germanen ausgehen. 2. E fures, qui in villam invaserunt. – die Diebe, die in die Villa eingedrungen sind. 3. F clamorem, quem in foro audiam. – das Geschrei, das ich auf dem Forum hören werde. 4. B labores, quos dominus mihi imposuit. – die Arbeiten, die der Herr mir auferlegt hat. 5. C sortem, quam dei mihi paraverunt. – das Schicksal, das die Götter mir bereitet haben. 6. A mortem, quae omnes exspectat. – den Tod, der alle erwartet.

2 earum dearum: dieser Göttinnen – ei/eo animo: diesem Mut/mit diesem Mut – is pons: diese Brücke – ea nocte: in dieser Nacht – eam voluptatem: dieses Vergnügen – eae/eas artes: diese Künste – eius generis: dieser Art – eius/ei/eae terrae: dieses Landes/diesem Land/diese Länder – eo itinere: auf diesem Wege – eis/eis operibus: diesen Werken/mit diesen Werken – ei furi: diesem Dieb – eius/ei servi: dieses Sklaven/diese Sklaven

3 1. Nom. Sg. f – Flavia: „Die Straße, die zum Forum führt, nennen wir Via Longa. 2. Nom. Pl. n – Auf dem Forum werdet ihr Denkmäler sehen, die allen Menschen gefallen. 3. Akk. Pl. n – Unter ihnen (Darunter) sind Tempel, die ihr bis jetzt noch nicht gesehen habt. 4. Nom. Pl. f – Betrachtet auch diese Villen, die sehr schön sind!“

4 1. eo – 2. ibit – 3. i! – 4. iimus – 5. ibam – 6. eunt – 7. ibunt – 8. ieras – 9. it

5 1. zugehöriger Satzteil: saluti (Dat.) – studere (+ Dat.): sich bemühen (um) 2. nullum periculum, nullum laborem (Akk.) – horrere (+ Akk.): zurückschrecken, erschrecken (vor) 3. omnes cives, viros feminasque (Akk.) – curare (+ Akk.): sorgen (für), sich kümmern (um) 4. magnis operibus et gravi cura (Abl.) – vacare (+ Abl.): frei sein (von) 5. mihi (Dat.) – favere (+ Dat.): (jemandem) gewogen sein, (jemanden) begünstigen 6. me felicem (doppelter Akk.) – dicere (+ doppelter Akk.): nennen 7. amicis; uxore filioque (Abl.) – carere (+ Abl.): (jemanden/etwas) nicht haben 8. me miserum (doppelter Akk.) – putare (+ doppelter Akk.): halten für

6 1. opprimere 2. tamen 3. postremo 4. iudicare 5. servare 6. quondam 7. uxor 8. rogare 9. exemplum 10. saxum 11. exstruere – Lösungswort: superavisti (du hast gesiegt/du hast es geschafft)

19 1 1. oramus, oravimus, oraverimus – 2. cenat, cenavit, cenaverit – 3. narrant, narraverunt, narraverint – 4. promitto, promisi, promisero – 5. aperitis, aperuistis, aperueritis – 6. currit, cucurrit, cucurrerit – 7. agunt, egerunt, egerint – 8. ponis, posuisti, posueris – 9. sumo, sumpsi, sumpsero – 10. defenditis, defendistis, defenderitis

2 1. volo – 2. non vis – 3. volui – 4. noluit – 5. volueratis – 6. volumus – 7. volunt – 8. volebatis – 9. voluimus – 10. velemus – 11. vult

3 1. Imperfekt: servabas 2. Futur II: tradiderit 3. Präsens: crescunt 4. Futur I: redibimus 5. Perfekt: senserunt 6. Futur II: sustulero 7. Plusquamperfekt: egeratis 8. Futur I: statuam

4 1. unus puer, duae puellae, tres viri – 2. unus canis, duo asini, tres equi – 3. unam urbem, duas insulas, tria oppida – 4. unum mare, duo(s) pontes, tres ripas – 5. vox unius consulis, voces duorum senatorum, voces trium equitum – 6. in una villa, in duabus navibus, in tribus templis – 7. dona damus uni puellae, duobus viris, tribus pueris – 8. cum uno rege, cum duobus furibus, cum tribus iudicibus

5 Es gibt verschiedene Möglichkeiten; achte darauf, dass sich die Form von esse danach richtet, ob das Subjekt (also hier der „Besitz“) im Singular oder im Plural steht. Beispiele: 1. Consuli sunt duo fratres. – Der Konsul hat zwei Brüder. 2. Senatoribus est tempus. – Die Senatoren haben Zeit. 3. Nobis sunt tres canes. – Wir haben drei Hunde. 4. Amicis est villa pulchra. – Die Freunde haben ein schönes Haus. 5. Medico est uxor. – Der Arzt hat eine Ehefrau.

6 1. ara, arae/aras – 2. terrae, terram – 3. servo, servis – 4. sol/sole, solem – 5. vota, votis – 6. ripa, ripae/ripas – 7. corpus, corporis/corpora – 8. viri/viros, virorum

20 1 a-Konj.: dare, do; delectare, delecto; orare, oro; simulare, simulo; stare, sto; vocare, voco; e-Konj.: carere, careo; exercere, exerceo; manere, maneo; movere, moveo; parere, pareo; studere, studeo; tacere, taceo; langvokalische i-Konj.: audire, audio; comperire, comperio; dormire, dormio; nescire, nescio; venire, venio; Kons. Konj.: bibere, bibo; currere, curro; dedere, dedo; defendere, defendo; mittere, mitto; petere, peto; statuere, statuo; kurzvokalische i-Konj.: capere, capio; conspicere, conspicio; cupere, cupio; incipere, incipio

2 1. speramus 2. putaverat 3. incipiunt 4. abibit 5. nolebant 6. cognovi 7. ostendet 8. coluisti 9. accipietis 10. redieram 11. censetis 12. dormivisti 13. emerimus 14. invitant

3 1. sum et possum – ich bin und ich kann 2. fuit et potuit – er ist gewesen und er hat gekonnt 3. ero et potero – ich werde sein und ich werde können 4. eras et poteras – du warst und du konntest 5. erimus et poterimus – wir werden sein und wir werden können 6. fuerant et potuerant – sie waren gewesen und sie hatten gekonnt 7. estis et potestis – ihr seid und ihr könnt

4 1. Flavius: „Das Abendessen wird großartig sein, nicht nur weil der Konsul Gabinus da sein wird, sondern auch weil ich Galla, der Sklavin Flavias, die Freiheit geben werde. 2. Sobald ich sie entlassen habe (haben werde), werdet ihr ein Schauspiel sehen, das ihr noch nicht gesehen habt, Aemilius. 3. Kommt schon zur zehnten Stunde!“ 4. Aemilius: „Wir können (werden) nicht kommen (können), Flavius. Eben habe ich einen Brief erhalten, aus dem ich erfahren habe, dass mein Bruder an einer schweren Krankheit leidet. Deshalb werde ich sofort nach Neapel reiten.“ – 5. Flavius: „Ich bedauere [es] sehr, dass du nicht kommen kannst. Aber Sempronia kann alleine an dem Abendessen teilnehmen.“ – 6. Aemilius: „Wenn ich von der Stadt weg bin, will Sempronia zu Hause bleiben, wie du weißt.“

5 Nunc unum annum legistis et studuistis. Satis est. Abite et tempore libero gaudete. Mox nos iterum videbitis. Valete!

D ▸ L Übersetzungen ins Lateinische

1 D ▸ L 1. Silentium non placet. 2. Quid est? Cur asinus non iam clamat? 3. Cur etiam canis tacet? 4. Ubi est? Ecce! Sub sole iacet et exspectat. 5. Subito latrat. Quis venit?

2 D ▸ L 1. Cur Flavia non venit? 2. Quintus stat et exspectat. 3. Subito Aulus et Marcus apparent. 4. Rident et clamant, sed venire cessant. 5. Stant et gaudent. 6. Tum appropinquant. Quid apportant?

3 D ▸ L 1. „Quid est? Cur ibi iacetis, servi? Cur non respondetis?“ – 2. „Timemus, domine.“ – 3. „Quid timetis?“ – 4. „Equos et asinum. Asinus clamat, cum appropinquamus, et equi calcitrant.“ – 5. „Quid audio, Galle? Parere debes. Dominum, non equum timere debetis.“

4 D ▸ L 1. „Quis est avus Flaviae, Quinte?“ – 2. „Ibi sedet. Modo Annium consulem salutat. Amicus consulis est.“ – 3. „Consulem non video, sed Columbum, amorem populi, video.“ – 4. „Et ego ardorem equorum video et furorem hominum audio.“

5 D ▸ L 1. Quinto patrem audire valde placet. 2. Modo dicit: „Fures pecuniam quaerunt et cito decedunt. 3. Reus fur non est; nam fur epistulam non legit, dum in villam invadit ...“ 4. Homines oratori plaudunt, sed iudicibus verba oratoris non placent.

6 D ▸ L 1. Cur Flavia maesta est? De Quinto cogitat. 2. Cur mater laeta non est? Pericula maris timet. 3. Cur pater laetus est? Cur Aulus et Marcus laeti sunt? Procul magnam navem vident. 4. Cito appropinquat. Tum magister clamat: 5. „Sumite arma, nautae! Piratae navi appropinquant.“

7 D ▸ L 1. Quintus cum Gaio et Lucio amicis in foro ambulat. 2. Subito medicum vident. 3. Quintus rogat: „Medicusne in basilicam Iuliam properat? 4. Cur non eo properamus? 5. Fortasse iterum unus ex oratoribus sine mente iacet.“ 6. Amici cessant, sed Quintus clamat: „Nonne venitis, amici?“

8 D ▸ L 1. Tota urbe magnus clamor est. 2. Iam prima luce multi homines in forum conveniunt. 3. Cuncti magnum spectaculum exspectant, nam hodie philosophus de vitiis canum et feminarum dicit. 4. Multae feminae oratorem perturbare cogitant.

9 D ▸ L 1. Davus servus vitam miseram agit. 2. Dominus asper et durus est neque cum servis bene agit. 3. Semper dextra flagellum tenet et servos ad laborem incitat. 4. Cum filio servos his verbis ridet: „Ad servitutem nati estis!“

10 D ▸ L 1. Quondam Pulcher gladiator vir (homo) liber erat. 2. Vitam iucundam in Gallia agebat, etsi multum in agris laborare debebat. 3. Non debebat cum aliis gladio pugnare, nemo eum iubebat alium hominem necare. 4. Iterum atque iterum secum cogitat: „Horreo semper victor esse.“

11 D ▸ L 1. Quintus: „Cur in Creta non estis?“ – 2. Aulus: „In insula non fuimus; nam piratae navem (in navem) invaserunt. 3. Nautas necaverunt, matrem et Flaviam abduxerunt, patrem et me in aquam praecipitaverunt. 4. Valde timui, sed pater de salute non desperavit. 5. Nunc hic sumus.“

12 D ▸ L 1. Quintus sedebat et diu de fabula cogitabat: 2. „Pulchra est, sed estne vera? 3. Cur Iuppiter mentem mutavit? Cur unus vir et una femina restiterunt? 4. Cur dei eis dederunt genus humanum reparare? 5. Licetne deos precibus movere?“

13 D ▸ L 1. Flavia narrat: „Mango nos in forum urbis provinciae Asiae duxerat. 2. Eo multi homines convenerant. 3. In catasta stabamus et homines nos spectabant et ridebant. 4. Subito unus ex hominibus mihi dixit: ‚Tu mihi places‘, et me una cum Galla emit.“

14 D ▸ L 1. Iam multas horas in raeda sedebant. 2. Cuncti tacebant. Quintus patrem dormire putabat. 3. Sed subito Domitius dixit: „Nonne raedarium clamare audis?“ 4. Tum Quintus: „Te errare puto. Ventum solum audio.“ 5. Deinde arborem in viam cadere vidit et equos hinnire audivit.

15 D ▸ L 1. Statim Paris Spartam navigavit et Helenam secum in patriam suam duxit. 2. Saepe dixit: „Quam laetus sum, quam felix! Helena mea est! 3. Quam facile fuit uxorem Menelai abducere!“ 4. Paris se omnium hominum felicissimum esse putabat. 5. Sed Menelaus se non facilem, sed durum et acrem praebuit.

16 D ▸ L 1. Quintus: „Salve, Aule! Syrumne vidisti? Ubique eum quaero.“ – 2. Aulus: „Eum cum Gallo in caupona ‚Gaudete vino‘ sedere puto; nam Gaius modo mihi narravit eos ante cauponam pretia legisse.“ – 3. Quintus: „Eum cauponam non intravisse spero. 4. Id enim ei non licet.“

17 D ▸ L 1. Calvus: „Etsi Romae non iam vivo, urbem amo semperque eam amabo. 2. Quo nos hodie duces, Flavia?“ – 3. Flavia: „Primo vos in basilicam Iuliam ducam. Ibi pater Quinti causam Diauli medici aget. 4. Spectaculum erit magnum. 5. Deinde per forum Traiani ambulabimus.“

18 D ▸ L 1. „Cur Germanis in provincia nostra vivere licet? 2. Cur non in suas sedes redeunt? 3. Ab eis magna pericula sunt, quae timeo; nam ii, qui nos quondam armis petiverunt, ...“ – 4. „Ii Germani, quibus Danuvium transire licebat, non redibunt; nam amici populi Romani sunt.“

19 D ▸ L 1. „Dic, Quinte: Visne Flaviam uxorem ducere?“ – 2. „Volo. Sed Flavius adhuc nihil de nuptiis dixit.“ – 3. „Quid ages, nisi Flavius te filiam suam uxorem ducere volet?“ – 4. „Si Flaviam alii viro destinaverit, a patre auxilium petam; nam scio Flaviam mihi soli nubere velle.“

20 D ▸ L 1. „Quando apud Flavium adesse debemus?“ – 2. „Cena decima hora incipiet. 3. Flavius multos hospites invitavit. 4. Etiam Annius consul cenae intererit. 5. Itaque in tempore adesse cupio.“ – 6. „Hodie sol ardet. Nonne servi nos lectica eo portare possunt?“

Selbsttests

I 1. -o, -s, -t, -mus, -tis, -nt
2. venimus: wir kommen; iubet: er, sie, es befiehlt; salutatis: ihr (be)grüßt
3. servae, asinos, insulam, simulacra, nuntii
4. sum, es, est, sumus, estis, sunt
5. rogare: fragen, bitten; ubi: wo?; sed: aber, (je)doch, sondern; apparere: erscheinen; nuntius: der Bote, die Botschaft; valde: sehr
6. die Richtung
7. triclinium; pater familias; Frankreich, Italien, Spanien, Portugal

II 1. dominum: Akk. Sg.; hominum: Gen. Pl.; senatoribus: Dat. Pl.; patris: Gen. Sg.; consuli: Dat. Sg.; matronae: Gen./Dat. Sg., Nom. Pl.
2. consulis, signa, hominem, reginarum, populis, patri
3. (S) Simulacra (Gen.-Attr.) deorum (Dat.-O) hominibus (P) placent. (Dat.-O) Amicae (Akk.-O) dona (S/P) damus.
4. lego, legis, legit, legimus, legitis, legunt
5. rogat, videt, sumit; sedent, veniunt, quaerunt
6. Kennvokal, Bedeutungsteil
7. 250 000 Zuschauer; quadriga; basilicae; In dubio pro reo. – Im Zweifel für den Angeklagten.

III 1. magnam deam: Akk. Sg.; multi/multos homines: Nom. Pl. / Akk. Pl.; regina nova: Nom. Sg. / Abl. Sg.; nuntiis secundis: Dat. Pl. / Abl. Pl.
2. properate, ride, currite, veni, este
3. (Adv.) Diu (S) patronus (Akk.-O) amicos (Gen.-Attr.) rei (Adv.) in foro (P) exspectat.
4. mit den Richtern, zum Arzt, vor den Augen, ohne Waffen
5. auch, sogar; hier; lange; denn; überall; während
6. Ort/Zeit; Mittel/Begleitung; Trennung
7. der Kaltbaderaum, der Sportplatz

IV 1. causae, pueri, viro, vitia, agrum, voce
2. magnos agros, fortuna misera, victoris laeti, urbem novam, exemplum pulchrum, ventis secundis
3. Konjunktion, Verb, Subjunktion, Adverb
4. mit lauter Stimme rufen, in der ganzen Stadt sein, frei von (ohne) Tränen sein
5. Prädikatsnomen, Praedicativum, Attribut, Praedicativum
6. Satzreihe, beigeordnet; Satzgefüge, untergeordnet
7. Amphitheatrum Flavium; 80 n. Chr.; Hausangestellte, Friseuse, Köchin, Bauarbeiter, Arzt, Lehrer, Kindermädchen, Handwerker, Künstler, Verwalter, Arbeit in der Geschäftsführung von Unternehmen, in Steinbrüchen, Bergwerken oder auf den Feldern

V 1. er, sie, es hat übertroffen, ich ging spazieren, wir verändern, du hast verlangt, ihr sucht, du hieltest
2. puto, putavi – meinen, glauben; mitto, misi – schicken; taceo, tacui – schweigen; dico, dixi – sagen
3. eram, eras, erat, eramus, eratis, erant
4. Zustände oder andauernde Vorgänge, Gewohnheiten, wiederholte Handlungen der Vergangenheit
5. exemplum – Beispiel, femina – Frau, addere – hinzufügen
6. Kaiser, Zar; Veni, vidi, vici. – Ich kam, sah und siegte.; aus den beiden ersten griechischen Buchstaben „alpha" und „beta"

VI 1. er verzweifelte, sie hatten erkannt, sie haben geschickt, wir fragen, du hast berührt, ihr hattet gerettet
2. venio, veni – kommen; curro, cucurri – laufen; statuo, statui – beschließen; scribo, scripsi – schreiben
3. fui, fuisti, fuit, fuimus, fuistis, fuerunt
4. ego, mihi, me, sine me; vos, vobis, vos, sine vobis
5. vires: Nom. Pl. / Akk. Pl.; puero: Dat. Sg. / Abl. Sg.; patri: Dat. Sg.; maria: Nom. Pl. / Akk. Pl.; vi: Abl. Sg.; corpore: Abl. Sg.
6. stilus; Hermes/Mercur(ius); Artemis/Diana

VII 1. posui, colebat, erratis, videramus, tetigerunt, defenderas
2. AcI: se nunc servam in Gallia esse – Flavia schrieb, dass sie nun Sklavin in Gallien sei. – AcI: amicam vivere – Quintus weiß nun, dass seine Freundin lebt. – AcI: se nihil de sorte matris scire – Der Bruder der Flavia sagte, dass er nichts über das Schicksal der Mutter wisse. – AcI: amicam auxilium sperare – Quintus sagt seinem Vater, dass seine Freundin auf Hilfe hoffe.
3. Pater servos liberos non esse dicit. Patronus se reum defendere dixit.
4. avo nostro, pugnam acrem, victoris felicis, nomen tuum, magnis laboribus , iter breve
5. Discordia warf einen goldenen Apfel mit der Aufschrift „Für die Schönste". – Iuno: Macht, Minerva: Weisheit, Venus: Liebe / die schönste Frau auf der Welt

VIII 1. ihr werdet hören, ich habe versprochen, wir hatten geglaubt, ich werde schreien, sie halten aus, sie werden lesen
2. clamavisse, tacuisse, dixisse, fuisse
3. ero, eris, erit, erimus, eritis, erunt
4. AcI: se in Gallia fuisse – Quintus erzählt, dass er in Gallien gewesen sei. – AcI: patrem saepe deis sacrificare – Quintus erzählt den Freunden, dass sein Vater oft den Göttern opfere. – AcI: Graecos multos annos cum Troianis pugnavisse – Wer weiß nicht, dass die Griechen viele Jahre lang mit den Troianern gekämpft haben?
5. is, eius, ei, eum, cum eo; eae, earum, eis, eas, cum eis
6. Geister der Verstorbenen; cella; Auguren

IX 1. sustinuerunt, credo, narrabit, vertebamus, cognoveratis, duces, egistis, redibimus
2. quod, cuius, cui, quod, de quo; qui, quorum, quibus, quos, de quibus
3. Personal-Pronomen und Demonstrativ-Pronomen
4. eum pontem – diese Brücke; eo tempore – zu/in dieser Zeit; eas horas – diese Stunden; is/eius iuvenis – dieser junge Mann/dieses jungen Mannes; id oppidum – diese Stadt; eis annis – in diesen Jahren; eorum regum – dieser Könige; ei iudici – diesem Richter
5. eo, is, it, imus, itis, eunt
6. die Kriege des Kaisers Trajan gegen die Daker (an der unteren Donau); Limes; ein Gutshof

X 1. sie sind da, wir werden teilnehmen, er, sie, es war anwesend, seid da!
2. capio, cepi – nehmen, ergreifen; posco, poposci – fordern, verlangen; habeo, habui – haben, halten; laedo, laesi – verletzen
3. cupio, cupiebam, cupiam, cupivi, cupiveram, cupivero; vult, volebat, volet, voluit, voluerat, voluerit; tradunt, tradebant, tradent, tradiderunt, tradiderant, tradiderint
4. una serva; duae/duas urbes; tria consilia; sapientia unius viri, duarum dearum, trium hominum
5. Amico villa pulchra est.
6. Vestalinnen; Öl, Pfeffer, Dattel, Nuss